JN417893

月村 作品集

아침우물가

유 재 희

홍 익 출 판 사

책머리에

뒤돌아보면 내 삶에도 많은 세월이 흘렀습니다. 너무 늦었지만 이제서야 던져두었던 몇 편의 글을 모아 작은 책을 만들었습니다. 전업 작가가 아니었으니 구태여 문학의 장르에 매이지 않고 그 때 그 때 필요에 의해 쓴 글입니다.

이 책에 실린 작품들은 거의가 신문, 잡지 등에 이미 발표된 것들이며 그 중 몇 편은 공모 당선작으로 채워져 있습니다. 오랜 세월 시간차를 두고 쓰여진 것들이라 전체적인 흐름이 맞지 않는 것도 있지만 그 속에는 변화하는 세월을 볼 수가 있고, 내가 이 세상을 다녀가는 흔적이 곳곳에 배여 있어 나름대로는 애착이 갑니다.

오래된 작품은 모으기가 힘들었는데 그 중에서도 1972년 일요신문창간 10주년 기념 새마을운동체험수기 당선작인 “해뜨는 마을”은 20여회 신문에 작업사진과 함께 연재되어 당시 새마을운동의 추진과정을 자세히 볼 수 있는 글인데 게재원고의 절반이상을 분실하여 결국 책에 싣지 못해 아쉬웠습니다.

지난 세월 학교에서 주린 배를 물 한 컵으로 채우는 제자에게 당신은 속이 안 좋으시다며 도시락을 건네주시던 중학교 3학년 때 담임선생님의 마음을 늦게나마 깊이 깨달은 것은 풍양재건중학원에서 배움에 굶주린 아이들을 위해 땀 흘릴 때였나 봅니다.

34년 공직생활에서 맡은 직무 외에 더 많은 봉사시간을 보낸 나를 위해 묵묵히 어려움을 이겨낸 아내와 잘 자라준 아이들, 특히 이 책을 만들도록 성화를 하고 작품선정에서 책의 기획에도 조언을 아끼지 않았으며 출판비용까지 선뜻 담당한 딸 恩枝(희래건의료기 중국장락지사장)와 며느리 申晶旭(TV방송 프리랜서작가)에게 고맙다는 인사를 이 글로 대신하며, 이제는 부담 없이 세월의 앙금처럼 쌓인 진솔한 생활의 이야기를 찾아내어 낮은 곳에서 삶의 무게를 느끼며 살아가는 사람들과 함께 읽을 수 있는 글로 써 보고 싶습니다.

덜 익은 과일을 씹듯 읽기에 힘이 들었음에도 불구하고 책을 펼쳐주셔서 고맙습니다.

동아일보에 등을 떠밀려 나왔지만 내 앞길에 많은 산을 넘고 강을 건너야하는 두려움에 글을 쓰는 건 사치라 잘못 생각하고 필을 던져 버렸는데, 지금 이 한 권의 책이라도 건져 올린 것을 감사하게 생각합니다.

2011. 5.

장미꽃이 눈부신 어느 날

月村

차례

동시

시조

시

수필

단편소설

신문기사 및 칼럼

기타

별도수록

동시

아침우물가

운동장에서

소꿉놀이

산 위에 집을 짓는다면

아침우물가

엄마
동녘이 불그레하네요
어서 우물에 가요
제가 두레박을 길어 드릴게요

우물엔
벌써 물을 길어 올리시네요
- 서울 아줌마
- 분이 언니

서리 하아얀 아침
우물엔 김이 나요
엄마 입김처럼 들여 마시고 싶은

엄마
이제 내가 조금 더 크면
엄마처럼 동이를 머리에 일테예요

자, 어서 이 물을 받으셔요
황금빛 동녘 하늘처럼
보배로운 물,
동이 하나 가득히 길어 가셔요

엄마
이 물로 지으시는 아침밥
오빠 차시간에 늦지 않을까요?
군에서
오빠는 이 우물 무척 생각났다고 했어요
한 두레박 담아드렸으면-

엄마
해뜨기 전 우물가에서
매일 두레박을 길어 올리겠어요

하아얀 서리아침
우물엔 김이 나요
엄마 입김처럼 들여 마시고 싶은.

운동장에서

해질 녘
운동장에 나가본다

철이랑 산수 숙제에 애를 쓰다가,
혹은 엄마 심부름에 칭찬을 들었을 때나,
그저께처럼 서울 계신 오빠가
작고 예쁜 고무공을 사다주셨을 때

오늘 낮 체조시간에
순서를 잊어먹고 얼굴 붉히던 운동장이
엄마 치마폭처럼 아늑해 보이는구나

서로 맞붙잡고 씨름도 하고,
철봉대에 조롱조롱 매달린 아이들
앞집 꼬마도 시소에 한몫 끼고
어느 새 나도 뛰고 있었다

해질 녘 운동장에서
엄마 손을 잡고 온 종일 바쁘신
피로를 풀어드리고 싶다

운동장만큼 넓은 가슴에
웃음꽃을 달아 드리고 싶다.

소꿉놀이

– 엄마 이거 나 먹을까?
– 안 돼.
– 흐응.
– 그건 아빳 거야.

잎 떨어진 감나무 밑에서
감 두 쪽
고구마 한 개 놓고
일하러 나간 아빠 기다리다가
분이엄마와 돌이아들 점심투정입니다

– 어허 분이아씨 살림 잘하겠는 걸
볏단을 싣고 가시던 동네 아저씨가 웃으셨습니다

– 씨이, 난 이제 엄마라고 안 불러.
– 옛다, 이거 하나만 먹어라. 욕심쟁이야.
– 아빠 안 오는 걸, 엄마도 하나 먹어.

일하러 간 석이아빠는
집에 가서 무얼 조르는지
감 두 쪽 고구마 한 개가
다 없어져도 안 옵니다.

산 위에 집을 짓는다면

하늘이 가까워서 우선 좋겠다
흰 구름 훨훨 춤추듯 지나가고
그 자리에 남아있는 파아란 4월 하늘

만세 소리 조용히 잠자는
저기 산 아래 시가지엔
물 오른 나무 가지를 아지랑이에 비긴다면
종달새처럼 높이 뜬
여기 내 집에서
휘파람이라도 가볍게 불어보고 싶다

강물이 안고 돌아가는 여기
고단한 날 어머니의 품속에서처럼
꿈을 꾸면 높고 파아란 꿈을 꾸겠다
키라도 훌쩍 더 커서 내가 제일 높아지고픈 꿈

가물가물 저 아래 골목 만화가게 앞에서는
코 묻은 장난들을 하고 있겠지
철이녀석, 분이랑, 고만 또래들아,
나는 어느 새 어른이 된 것 같다

산 위에 집을 짓는다면 나는 이 집 가까이
또 몇 개의 집을 지어야겠다
봄이 익는 4월을 노래하는 새들의 울음
계곡을 딛고 가는 아기사슴의 발자국소리-
그것들을 담아 둘 또 하나의 방을 마련해야겠다

- 엄마,
4월 하늘을 쳐다보며 그냥 산 위에 집을 짓는다면
이런 것들을 하고 싶었던 거예요.

시조

뿌리

흰옷 자락 올올이
오천 가락 세월을
하늘에서 예까지
한 올로 이어와서
할머니
비녀 머리에
틀어 올린 상사화

마디 굵은 손을 놓고
돌아앉은 마음은
아픔에 저린 사람들
소리 없는 울음 되어
못다 한
효도의 한이
철조망에 서리고

때 묻은 마음은
삽질 속에 묻어 두고
잃어버린 산하 위에

동백기름 향기 찾아
끊어진
혼을 이어서
다시 만날 얼굴들

말라 버린 물꼬에
정을 띄워 물 흘리면
여인의 빗은 머리에는
역사가 흐르는가
북돋아
기름진 땅에
곧은 뿌리 깊어라.

아침

지난밤 꿈길에
스쳐버린 그 얼굴이
이슬인가 바람인가
아쉬움만 남는데
마주한
거울 앞에서
두 볼만이 붉어라

벙그는 꽃잎은
수줍은 삶의 미소
살며시 훔쳐보다
햇살 속에 녹아서
맑은 날
일상을 여는
그 님 같은 커피향

더러는 잊을 법한
먼 곳의 사연들이
가슴 하나 가득히

안개 되어 오르면
새소리
산 웃음 닮아
풋내 나는 이 아침.

七夕

– 芳에게

은하수 별빛에
그대 마음 읽으면
사랑의 아픔은
강물처럼 흐르고
그리움
날개짓 되어
눈물 자국 적시네

저 하늘 안고 도는
견우 손길 끌어다가
직녀는 옷깃 찢어
오작교를 감는데
만남이
이별이라
새벽안개 걷히고

버선코에 묻어나는
단내 같은 정성 쏟아
북두성 일곱별을

실타래로 이어 놓고
삼백예순닷새가
칠석 되라
비는 손.

다시 七夕에

한여름 짧은 밤
꿈결에 내리던 비
무명자락 적시면서
파고드는 가슴에
그 눈물
사랑 되어
채색 고운 사연들

세월이 그리 긴가
기다림도 잊더니
사그라진 얼굴 위로
불면의 아픔을
수놓듯
바늘 끝으로
새겨보는 지난날

마음을 열고 보면
눈빛이 달라지고
흐르는 물소리는

손끝에도 잡히는데
오작교
이어진 곳에
꽃으로 피는 만남들.

木蓮

하늘이 푸르던 날
그 얼굴은 더욱 희고

봉오리 가득 가득
가슴앓이 담긴 사연

속살을
보이기 싫어
오는 듯이 가는 꽃

항아리

노천(露天)에 아무려나
자리한 모습이
투박한 솜씨 끝에
곱기야 바라랴만
청산(靑山)에
백운(白雲) 둘러
가을날을 담았다

공규(空閨)의 아픔이련가
빈속을 열었고
두드려 여음(餘音)에
뒤돌아서게 하니
아직도
못다 한 노래
응어리로 삼키다

흙으로 빚었으니
흙냄새가 제격인걸
된장에 뼈 굵은 사람들

흰옷자락 여미고
역사(歷史)를
접어 가듯이
물을 길어 붓는다.

물레

지금은 가고 없는
그 사람 서성대듯
세월의 앙금처럼
추녀 밑에 앉은 모색(暮色)
이름이
물레뿐인걸
바람에나 불릴까

눈 감아 보지 않고
귀마저 닫았는가
유실(遺失)된 손 때 속에
화롯가의 당신이여
박가분(朴哥粉)
아쉽다 하던
그 미소(微笑)를 얻으오.

독도

멀리서 바라보면 파도 속에 한 줌 돌 섬
반가이 다가서니 변함없는 얼굴인데
그 역사 연륜을 쌓아
깊이 새긴
韓國嶺

파도가 손을 저어 내 벗인 양 부르면
갈매기 울음소리로 화답하는 해조음
여기에 큰 바위 얼굴로
다시 보는
조국 땅

사악한 이웃에게 의연함을 보이며
생성의 신비 속에 잉태한 깊은 뜻은
그 정기 일출로 밝아
이 땅 위를
비추다.

單首三題

午睡

회나무 짙은 그늘
침대보다 낫구나
한나절 지친 몸이
큰大자로 누웠다가
단잠을 깨어나 보니
배꼽위에
저녁빛.

工事場에서

『아빠야 뒷밭에
목화가 하얀데…』
딸애기 편지 위에
어리는 秋夕빛이
마음만 설레는 구나
헛손질에
으깬 손.

열무

애호박 맺힐 무렵
찾아 주던 옛벗이
올해도 올까하고
菜田일궈 가꾼 열무
하마나 기다리다가
장다리로
늙었네.

시

〈초기 작품〉

七月의 追憶

湖水가에서

나무와 바람과 고향

無題

廢園의 詩

5月에 부쳐

닭 울음 없는 새벽

北風에 실려 오는 것은

첫눈 내리는 밤

香爐峰에서

山이 주는 음성

LAMP

客愁

어느 하루

木蓮

港口

退勤時間

公務員 敎育院 周邊

隊列이 움직여 가는 곳

哨兵

북방한계선

自由戰士의 墓地

小曲

달 항아리

고요히 바라보면 내게 안기는 듯 하고
가슴 열어 안아보면 내가 그 안에 들어가 있다
푸른 이끼 속에 밤을 새운 백학은
미끄러지듯 나래짓으로 세월을 끌고 간다
가르마길 힘들어도 흰 머리를 이고 오신
누님의 치마폭에서 잉태한 지난날
고사떡에 배불린 햇곡을 추슬러
삼신할매는 먼 훗날을 잘도 내다본다
할머니, 그 할머니의 따슨 손길에
배부른 포만감은 어느새 아이들의 배꼽이 되고
산하를 달리던 말발굽소리 울리면
사라진 사람들의 아우성도 그득하다
빈 들녘에 서서 허허한 가슴을 두드리다가
아랫목을 찾는 아버지 품에 안긴 항아리는
다무린 입을 살며시 열어 한 떨기 꽃을 물고
오늘이 어제가 되는 역사를 담는다

오월 어느 날

산발한 머리로
계절을 이고 날아 온 비둘기는
과자 부스러기에
날개를 접는다

마른 땅에 꽂은
카네이션 꽃이 시들어 갈 때
차라리
몸을 부비며 느꼈던
꺼져가는 연탄불의 온기가
그리운 사람

나의 오월은
철 이른 낙엽으로 시작되어
사그라진 한줌 재로 남을지라도
먼 산에
푸름인 듯 안개인 듯
쥐어짠 수액이 향기로울 때
발치를 적시는

생명수가 신기해
식어가는 핏줄을 따라가느라
분주한
하루.

헌 냉장고를 위하여

너를 버리고자 함이 아니다
다만, 서로 잡았던 손을 잠시 놓고
아쉬운 이별 연습을 해보는 것이다

손때 묻은 피부마다
따스한 온기가 돌아
어려웠던 지난날이
눈물자국으로 말라붙기도 하고
더러는
채소 몇 조각을 넣어 두고
작은 행복을 설계한
내 지난날 일기장처럼 소중했던
너의 모습에
사랑의 이야기도 여물고
세 아이의 배고픔을 달래기도 했지

세월의 흐름 속에
살 오른 배부름이
작아진 네 체구를 어둠 한구석으로
몰아내려 하고

마침내는 이렇게 이별 연습을 하지만
썩은 냄새 역겨운 개울 어디인가
사람들 눈이 못 미치는 황야의 한구석인가
또는 새벽을 가르는 청소차에 매달려서
네가 가야할 거기를
나는 같이 가지 못한다

서러워 크게 우는 소음에 밤잠을 설쳐도
풍성한 갈빗살이 자리 못 잡고 밀려나도
몇 조각 채소만으로 행복을 가꿔온
낡고 비좁은 너를 위해서
내 가슴 속에
넓은 주방 한 칸을 비워 두리라.

가을풍경

청설모 한 마리가
호두열매를 헤아리던
늙은 주지스님 발을 간지럽히며
호두나무를 오른다
신명이 난 청설모는
금방 호두 한 개를 따고
늙은 스님은 처음부터 다시 호두를 헤아린다

몇 잎 떨어진 호두나무 사이로
푸른 하늘이 보이고
그 안에 구름이 그려놓은 한 점 그림
돛단배가 떠나간 뒤
풀을 뜯는 소떼가 한가롭다

코스모스 한들거리는 방천 둑길을
부르는 이가 없어도 누굴 찾아가는데
내 발자국마다
가을이 묻어오고 있다.

七星市場에서

日常이 고달프고 가위눌릴 때
내 발길은 市場으로 向하고
가슴에는 어느덧
여울물 소리가 들린다

東海바다 오징어의
싱싱한 물맛에
아이들의 늘어진 모습 보며
뒤돌아서는
고3 엄마의 눈이 빛나고

배가 꺼진 붕어빵에서는
가라앉은 삶을 읽어도
물을 만나면 금방
꼬리칠 것 같은
무지개빛 夕陽의
해으름

철망 안에 갇힌
바둑이의 슬픈 얼굴에서
개소주 흐르는 소리 귀청 아프다

落葉처럼 흩어진 배추 잎사귀들
시레기국에 쓰린 속을 데우는
그의 주름살 위에
休息의 하루를 주워 담는
무거운
장바구니

돌아서 오는 길에
生活의 단내가 짙게 풍길 때
등 뒤에서 瀑布의 餘韻같은
사라져가는 汽車의 警笛이 울리고
追憶처럼 흩어졌다 다시 만나는
어제의 그 얼굴들이
반기는 길목

이제
밤이 깊으면
바람은 안쓰러운 淸掃員의 귀를
가리며
별들의 얼굴을 끌어 덮을 때

마침내 가을은
빈 가슴만 두드리다가
어둠에 깔려 痕迹을 감추고
군고구마의 體溫이 그리워
시린 손을 쥐어 본다

숲에서

산에서 크는 나무는
저보다 먼저 산을 만들며
밝은 햇살에 얼굴을 다듬는다

나무를 보는 아이야
산을 볼 줄 아는 눈을 떠라
실낱같은 수맥을 따라
백두대간을 헤맨
어미의 시린 발자국을 찾아
첫 새벽 눈길처럼 딛고 가보아라

속에서 불이 난 민둥산을 보며
고픈 배를 움켜쥐고
잔디 뿌리를 캐어 빈 무쇠 솥을 데우면
그 아픈 아우성에 멀어 버린
귀가 울리고

늘어진 어미 젖가슴은 산비탈에
아지랑이 일렁이는 손짓 따라

삼신당에 빌어 너를 얻듯이
어린 솔씨 하나 싹을 틔워
그 푸르름이 눈에 가득 하구나

세월은
보리고개도 눈물 섞어 삼키고
꿈을 추스려 하늘로 팔을 올리며
소리 내어 흐르는 강물에
어우러 춤춘다

산에서 크는 나무는
어느새 따뜻한 온돌이 뿌리 내리고
내일은 더욱 푸르리라 어깨를 펴며
아이들 틈에
발을 뻗는다.

도시락

오늘도 아이는
도시락 두 개를 메고
어깨를 늘어뜨린 채 대문을 나선다

아직
동녘에는 잠에 취한 태양이 숨어 있고
방금 청소가 끝나
넓어 보이는 골목으로
사라지는 아이의 뒷모습이
더욱 왜소한데,

말라버린 멸치조림과
김치 몇 조각에
엄마의 마음을 담을 수는 없지만
같이 나누고 싶은
고통의 시간을 삼키며
인고의 쌀알을 헤아려 본다

나목이 되어가는
미루나무 끝으로
초겨울의 찬바람이 일어서고
손을 꼽으면
떨리는 달력 글자마다
설 곳을 찾지 못해 서성이는
발자국 소리

다시 어둠이 내리는 골목길에
돌아올 아이를 생각하며
밤이 깊어도
배가 고프지 않는 엄마의 기다림은

하늘만큼이나 넓은 소망이 담긴
커다란 눈망울이 되어
빈
도시락을
가득 채운다.

편지

새움인가 싶더니
푸름으로 다가서서
물오른 줄기마다 그리움을 열고
다시 꽃을 피우듯
편지를 쓴다

잎줄기에 새겨보는
우정의 금 긋기와
꽃이파리 속살마다 문신으로 남은
가슴 태운 사랑의 아픔을
글자마다 실어서
물결에 띄우면
하늘 끝으로 흘러가는
종이와 필기구

내 귓가에서 속삭이던
더운 입김은
멀어져 가는 그대의 숨결 같은데
허공에 성을 쌓듯이

흔들리는 감정의
편린들

갈대는
허옇게 마음을 가르고
마른 풀잎 사이를 바람이 스치면
잉크가 젖어드는
하늘 귀퉁이에
갈 길 바쁜 가을을 불러 세워
한 폭
수채화를 만든다

이제
빈손으로 돌아서면
계절의 뒤안길에 잎새는 남고
못다 쓴 편지 위에
체념의 하루가 저문다.

立春前夜

차가운 창문 밖에
어둠이 드리워도
날이 새면 입춘(立春)이라
저기쯤
봄이 오는 모습이 보인다

얼음이 매달리는
냉이 광우리를 싸안으며
오늘까지만 춥거라
주름진 손마디로 축원을 내리는데

정갈한 먹물을 갈아
축문을 쓰는 붓 끝에
언 땅 녹이는 물줄기가 흐르고
처마 끝에 감도는
밝은 햇살은
구김 없이 살아 온
입춘날 같은 추억

오늘 밤 시간은
다만 침묵 속에 누워 기다림을 간직하고

내일이면 딴 세상 같은
꿈으로 가득 채우리니

뒤척이는 잠결에
아내의 따슨 가슴을 더듬으며
새싹처럼 돋아나는 향기에
밤은 설레이고

하품 한 번
큰 기지개에 물오른 신명으로
재기는 더 높게 차올리고
연줄은 더욱 세게 당기니
팽이는 끝없이 돌아 또 설날을
부르고

그래서
살아가는 재미를 같이 나누며
차가운 창문 밖을 바라보는 눈에
성큼 다가선 이 봄을
마중 나가자.

동인네거리에서

오르다 만 분수(噴水)가
거기 있지만
동인네거리 한복판에는
항상 분수가 솟는다

- 대구역에서 공항으로
- 대학병원에서 칠성시장으로

오가는 발길들이 물방울 되어
한번쯤은 나래를 펴고
흰 구름 타고 흐르는데

그 하늘 더 높이
꿈을 키우는 사람들이 모여
서로 키를 재보며
가슴을 열고
땀이 배인 손바닥을 소리 나게
마주칠 때
더욱 신명나게 솟아오르는
가슴속 분수

길은
여기서 시작하고
돌아와 쉬는 곳
또한 여기

숱한 발자국이
화석처럼 새겨져 있는 가슴마다
진한 사랑의 노래 흐를 때

별들 속에 묻혀 있는
나의 자화상(自畵像) 위로
환희가 솟아나는
동인네거리.

立春前夜 2

오늘 더 옛스러워 보이는 흙담 너머로
작은 봉창에 흐르는 보오얀 불빛이 싱그러운데
뒷산 늙은 소나무에 매달렸던 바람은
어느 하늘 밑으로 사라지고
어머니 치맛자락에 쌓인 이야기들이
숨쉬기 시작한다

얼음 녹인 물에
고무신 희게 닦아 신고
사립문 밀며 봄을 마중하던 할머니는
디딜방아 소리에 귀가 트이고
눈에 가물거리는
아지랑이가 피어오르면
개 짖는 소리 새롭고
발걸음은 바람인 듯 지나간다

실버들 냇가에서
하품하는 물소리며
빛바랜 무명저고리가
땀에 감긴 허리춤

황토칠 사그라드는 빈 벽
할아버지의 사진에는
주름살이 하나 더 늘었지만
고된 삶을 일궈온 녹슨 연장을 잡고
세월의 바퀴를 굴려온 손은 아직 젊다

꿈을 꾸면
개천에서 용이 승천하고,
검은 돼지는 밤새도록
한마당 가득 새끼를 낳고,
문득 새롭게 느껴지는
당신의 사랑처럼,
항상 따스한 햇빛은
비바람 뒤편에서 더욱 정겹다

등 너머 복바위 밑
바람 자는 박영감댁에
삼대 외동 며느리 된 누나는
잉태의 기쁨에 잠을 설레고,

물레에 걸린 실이
온 마을 뒤덮는 꿈에
놀란 어머니가
살얼음 낀 막사발의 냉수로
가슴을 적실 때,
뒷산
늙은 소나무는 마을을 껴안고
흰 두루막을 서걱 이며
흩어져 구르는 솔방울마다
덕담을 담아 보낸다

추위에 오그라든
붕어빵의 텅 빈 뱃속에도
생명의 위대함이 느껴지고,
바람에 나뒹구는
청주병 종이상자에 어둠이 묻어오면
조상의 음덕 같은 술 내음이 풍긴다

기다리는 날들
기다리는 사람들의 모습은
화투장을 뒤적이는 눈빛 속으로 숨고,
오광 위에 그려보는
마을의 자화상을 펼치면
일어서는 그의 모습은 키가 큰 한 그루 나무

동구 밖 채전 귀퉁이에
삽살개도 아직 발자국을 남기지 못한
겨울 끝 그 언 땅을 헤집고,
고개를 내밀며
봄은
내 이불 속
시린 발끝에 와 있다.

正初 몇 날

초하루

양복 입은 신라인처럼
바지저고리를 입고 서면
바람은 산등성이로 옷깃을 밀어 올리는데

아득한 심연의 밑바닥에서
할아버지 도포 자락에 매달리는
이제는 커다란 아이의 대님 맨 발목쯤
멀리 있는 이웃들의 정겨움이
술렁술렁 녹아 흐르고
젖은 땅 위에 새봄을 마중하며
"새해에는 장가 갈 꿈이라도……."
"……예, 올해사-."

초하룻날 일 년치를 다 커버리고
무료한 날들을 꾸역꾸역 보낼 생각에
우는지 웃는지
그래도 즐거운 날.

초이틀

한 집에 술 한 잔씩
여남은 집을 돌고 나서
김삿갓도 안 부러워
하늘 한번 크게 웃고

고갯마루 소나무에
바람 불던 저녁에사
지난해 초승달에 시집간 분이의
눈알 새카만 첫아들 보며
자화상을 그린
하루.

초사흘

색동저고리에 어린 너는
아무것도 모를 것이다
쿵더쿵 널을 뛰면 즐거운 한나절
어디서 울고 왔다 눈물 감추고 돌아서는
그 여인의 얼굴을 너는 모를 것이다

무너져 내리는 흙벽돌에 묻혀
말라버린 우물은 잊혀진 사랑 같은데
손때 묻은 족보에 이름은 빛이 바래도
눈물에 얼룩진 사연을
너는 모를 것이다

어느 날
지는 해를 따라가 버린
여인의 그 치마 꼬리에 묻어 간 흔적은
무슨 이야기가 있었는지
나도 모를 것이다.

초나흘

한나절 그리운 길 친정 나들이에
백분 냄새를 흩으며 텅 빈 버스가 지나간 뒤
황홀한 고독 같은 나의 마음은
고공에 나래를 펴고 맴을 돈다
갈 곳 없는 답답함이 쌓인
쪽마루 밑에서
지난여름 흘려 놓은 수박씨가 싹을 틔우듯

표정 없는 생각이 안개처럼 피어오를 때
돌아가 내 자리에 앉으면
향기가 날 것 같은 이부자리 위
꿈을 잉태한 신부가 거기 있었다.

초댓새

이름 같은 건 몰라도 낯설지 않아
두 눈을 마주하면 그 속에서 봄이 오고
마음의 뜨락에 매화가 핀다
시새움하듯 바람이 지나갈 때
하늘 위에 오른 선남선녀여
하루가 짧아라 내일이 오기 전
초댓새날 맺은
춘향의 정사.

팔조령(八助嶺)을 오르며

여덟 사람이 모여야 길을 열어 준다는 팔조령(八助嶺)을
아직도 오지 않는 일곱 나그네를 기다리다 지쳐
바위 이끼에 미끄러지며
짚신이 스치고 간 흔적을 따라
혼자 올라가면
산자락 그늘로 길을 감추고
산은
근엄하게 돌아앉아 있다

시정잡배(市井雜輩)들에 섞여
메마른 삶을 살아왔어도
이 고개를 오르면
신전(神殿)을 밟는 것처럼
발걸음이 무거워져
나를 뒤돌아보고
어두운 그림자를 털어내며
땀배인 옷깃을 여미면
가슴에 안기는 나뭇잎 하나에도
베풀어 주고 싶은 사랑이 묻어난다

미움이 덩어리 되어
굴러다니는 사람들과
동행(同行)의 거룩함을 나누고 싶어도
기다림에 해는 지고
마음만 허공을 걷는데
몇 구비를 돌아도
이 길의 의미는 더욱 어렵고
혼자 오르는 사람의 몫으로
남겨져 있을 것 같지도 않는 산마루에는
앞서 간 여덟 사람의 발자국에
소복이 담긴 지혜가
운무 되어 피어오른다

미지의 세계로 가버린
어린 날의 꿈을 찾아서
또 다른 나의 분신(分身)을 모아
하늘만 보이는 산자락 어디에
던져두고 싶은 육신을 위하여
여덟 사람이 못 되는 만용으로

다시
팔조령을 오른다.

⁂ 八助嶺 : 八組嶺이라고도 하며, 대구와 청도사이 비슬산록에 있는
험준한 고개

장승

양동(陽洞) 어른 댁에서 평생 머슴을 살다간 황(黃)서방이
죽어서 장승이 되었을 것이라고
꼭 그렇게 생각이 된다

모닥불 연기를 올리며 장승(長栍)을 다듬던 고향마을 사람들
자기 키에 맞추어 톱질을 하고
눈을 쪼고 입을 파서 누우런 황토(黃土)칠로 단장한 모습은
황서방의 빛바랜 삼베옷을
입혀 놓은 것 같다

부릅뜬 두 눈에 송곳 이빨이 무서운 벽사신(僻邪身) 되어
들머리에 버티고 서서 고향마을을 지키는 장승은
궂은 일 도맡고 아이 어른 좋기만 하던 황서방이 곰방대
툭툭 털며
외길 걸어온 마지막 모습이다

잡귀(雜鬼)의 범접 막고
마을 사람들에게는 푸근한 얼굴로
산신당(山神堂) 동제(洞祭)에서 빌어올린
고사(告祀)를 외우며
장승은 석양(夕陽)에 무념(無念)으로 서 있다.

귀뚜라미

귀뚤 뀌뚜르르
귀뚜라미가 운다

달 그림자 어린
섬돌 밑에서 운다

할아버지의
낡은 고무신에서 운다

할머니의 흰 머리칼 사이
비녀 밑에서 운다

이제는
뒤처마 밑에 매달린
어머니의 손때 묻은 물레에서도
운다

낙엽이 뚝뚝
떨어지던 달밤

내일이면 시집가는 누님은
밤새워 낮은 봉창을 두드리는
귀뚜라미와 같이 울었다

흰 두루막 자락마다
귀뚜라미의 울음을 담아
하늘나라로 가신 할아버지의
굵은 붓이 걸린
갈라진 벽틈 사이로
해마다 가을을 묻혀와
파도처럼 일렁이는 멍석을 펼쳐 놓고
귀뚜라미는 운다

어머니의 물레에서는
흰 실이 타래에 감기고
새벽 아궁이에 낙엽이 타면
쇠죽이 끓는 내음에
하품을 하며 일어나는 송아지

그때
할아버지는 진하게 먹을 갈아
푸른 하늘에 바람 소리가 나도록
붓을 잡으셨지
고향의 귀뚜라미 울음소리에
귀 기울여 창가에 다가선
누님의 모습이
보이는 것 같은
가을 밤

나 혼자
섬돌 밑에서
귀뚜라미 울음을 듣는다.

봄 보기 2

친구의 친구로부터 봄이 전해왔다

지리산 계곡에 어정거리던 바람이 지나간 뒤 아직 옷도
입지 못한 그 나무가 눈을 떴다
몸을 비틀어 흔들어도 보고 팔을 하늘 높이 치켜들어
훌쩍 발돋움을 하는 사이
얼었던 강물이 몸 안에 흐르기 시작했다
겨울손님이 남기고 간 못다 한 이야기며
해 오르면 산 너머로 보이는 꿈꾸던 세상의 모습과,
꽃이 그리워 꽃 찾아 떠난 그의 발자국을 안고
할 말 많은 강물은 침묵으로 입 다물고 바위틈에
숨어들어 온 실뿌리를 어르면서 뜨거운 심장이 고동을
감내하기에 힘들어한다
풍요한 나뭇잎의 윤기어린 생명에 끝없는 찬사를 보내는
지리산의 바람이 사라지기도 전에
소리 없이 흐르는 강물은 아픈 비명에 몸부림치고
저 높은 산 위로 봄인 듯 싶은 치맛자락 한 끝이 스치고
숨는다

달짝지근한 고로쇠수액 한 사발을 더 마시기 위하여
구멍이 막히도록 녹아버린 엿 한 토막을 다시 집어 든다.

일용인부 ㄱ씨

어제 저녁 한 잔 술이야
술 먹은 것 같지도 않은데
새벽같이 일어나
시래기 된장국을 끓이는
아내의 뒷모습이 고마워
괜히 콧등이 시큰해지는 ㄱ씨의 새벽

별자리를 쳐다보며 눈물을 삼키고
너덜거리는 신발 끈을 졸라 맨 어깨위로
가슴을 누르는 무거운 가장의 짐

흔들리는 비계위에 익숙한 발걸음을 옮기면
땀이 말라붙은 등허리에
긴장의 찌꺼기가 각질처럼 쌓인다

아늑한 안방이며 대궐 같은 거실에
장미가 피고 있을 베란다까지
오늘도 ㄱ씨는
내 집을 짓는 손길로 땀을 흘리고

긴 듯 짧은 하루가 석양으로 묻히면
햇빛이 그리운 반 지하 월세방에
아내의 미소가 아침 해처럼 싱그럽다

하늘로 오르는 아파트에는
ㄱ씨의 꿈도 같이 오르는데
땀 흘린 정성은 꽃으로 피고
꿈에서 깬 새벽잠이 아쉬워도
꿈이 영그는 공사장으로 발걸음은 가볍다.

억새
– 충주호수몰 長淮마을을 지나며

늦가을 억새꽃이
유난히도 반짝거리고
송이 향기가 발걸음을 잡고 있는 곳
돌아보니 당신들의 얼굴입니다

일흔 세대 착한 사람들
물길에 밀려도 차마 떠나질 못해
이 마을 지키라고
파수꾼 한 집 남겨놓고
구담봉 옥순봉에 한 덩어리 돌이 되어
오늘도 충주호 맑은 물에
그림자로 남았습니다

열일곱 살 나이에 들꽃 같은 모습으로
우리 집 그 사람 되어 주름진 삶
살고 간 이야기를
돌에 새겨 기리는 사람 살았던 마을은
율곡선생 점을 찍은 정감어린 이름 빛나고

평강공주 사랑 심어
온달장군 우뚝 섰습니다

거둬들일 주인은 없어도
붉은 감은 얼굴 드러내고
하마나 올 사람들 위해 비워놓은 주차장 작은 마당에는
낙엽이 쌓이는데
떠나는 마음을 담아 돌 한 개씩으로 쌓은
영생탑 망향탑에 고향은 살아있고
그리운 사람들을 기다리며
파수꾼의 목은 길어집니다

오가는 이 무심해도
어느 산야엔들 없으리까
이 마을에서 흩어진
억새풀들.

봄에 내리는 눈

3월도 늦게
내리는 눈은
가다가 돌아선 서글픔이다
그만하면 되었을 법도 한 화해의 어려움 속에
속 타는 천불을 삭이며
꽃은 피다가 고개를 떨구고
웃는 표정은 그대로 굳어 버렸다

지나간 먼 어느 날
가슴에는 상처만 남기고
숨어버린 친구가 있었고
그의 얼굴을 닮은 하늘 한 귀퉁이에서
수시로 비가 오고 눈이 내렸다

토닥거리며 자장가를 부르면
아기는 그냥 자는 척했었지
넓은 꽃밭을 헤매이며
내가 태어날 꽃모습을 찾다가
단잠을 깨우기 전까지 꽃은 고왔지

3월 하늘 한 귀퉁이에
아직도 심술궂은 친구의 얼굴은 지우지 못하고,
그의 거칠고 찬 손을 끌어안질 못하고
얼어버린 꽃망울의 미소를 깨우려 몸부림친다

항상 꿈은 아름답고
꿈으로만 끝나면 더욱 아름답다

눈이 내린다
꽃잎의 마중을 받으며
다해가는 생명의 끈질김을 시험하느라
세월이 오가는 것을 모른다 하며
그냥
눈이 내린다.

달 그림자

그 집 대문은 항상 잠겨 있고
높은 담장 위로 고개를 내민 나무들은
아직 잠에서 깨지를 않았다
가끔은 새들이 찾아 왔다가
길을 잘못 든 것처럼 바쁘게 떠났다
이웃 사람들은
먼지에 덮인 문패의 주인을 본 적도 없고
그냥 무심히 지나치는 대문 앞
편지통에 지난 이야기들이 쌓여 있다

잊을만한 슬픈 이야기는
하늘 위로 모두 올라가고
아직도 열리지 않는 대문에는
사천왕의 비파음이 들리는데
담장 밖으로 늘어진 능소화 얼굴이
살아있는 날들을 향해 웃고 있다

보릿고개를 넘기느라 힘겨웠을 어머니는
시집간 누나 생각에 대문을 열지 못했고

장리빛에 넘어간 검둥소를 잊지 못해
더욱 꽁꽁 잠긴 저 대문은
그렇게 세월이 흘렀어도 입을 다물고 있다

두레박만 남기고
땅속으로 숨어버린 우물물이 그리워
저녁마다 달 그림자는 발을 구르고
이대로 열리지 않는 대문 앞에서
마음의 빗장을 걷어내고 하늘을 받아들이면
담장 안에서는 구름이 흐르고
담장 안에서도 바람이 인다
구름은 바람에 밀려 담장을 넘고
나무는 키를 세워 하늘을 바라본다

오래 갇혀있어 답답한 가슴이 터지듯
마침내 바람은 대문을 밀어내고
능소화는 땅위에 떨어져도 미소를 잃지 않는다

열린 대문으로 들어가는
옛 고향의 발자국 따라
달 그림자가 흔들리며 지나간다.

아! 숭례문

악마의 손에 다 타버리고 만
국보 1호 숭례문이
추적추적 비가 내리는 날
가림판에 덮인 자리에서 모습 없이 반기는데
그대 찾아온 나의 눈물도 섞여
타다 남은 석축더미를 적신다

육백여 년 민족의 얼이 담겨있고
홍예문 드나들며 우리 땅 밟아온
흰 옷 입은 사람들이
아직도 문 열리기 기다리며 성 밖 초가집에서
여명을 기다리는 듯하고
겹처마 독수리머리 용마루는 하늘같은 위엄으로
하삼도 떠나는 암행어사 칙서 읽혀 보냈으니
맑고 밝은 나라 이어 온 맥은 그대 있었음이라

사대문 사소문 서로 손잡고
수많은 외침과 독한 임란에서도 의연하게 살아남아
서울 지켜 한양의 정문 되어 왔으니
그대는 역사의 산 증인

둥근 기둥 힘 모아 창방과 평방에 새겨 받든
국태민안의 의지는 빛났고
관악산 화기는 내려 쓴 편액으로 다스렸지만
사람의 손, 악마의 불길은 피하질 못했구나

그대
화마에 흔적 없이 가버린 후
우리 모두 아픈 마음 한데 모아
주름진 손 움켜쥐고 두 눈 부릅떠
한 문화재 한 지킴이가 되었으니
그대를 지켜주지 못한 죄스러움에 가슴 더욱 뜨겁다

그 자리에 그 모습으로
하나도 변하지 않은 자랑스러운 모습으로
우리 앞에 웅장하게 그대 나타나는 날
다시는
그런 일 없도록
다짐하고 또 하고
영원토록 우리가 지켜 주리라.

향촌동에서

향촌동은 대구에 있다
대구에서 시내 간다면 그 곳으로 간다
녹향의 클래식 음악이 생각날 때나
400년 경상감영의 옛 자취가 그리울 때는
옷깃 여미고 시내로 나가 본다

흔적도 없는 읍성의 추억이며
관풍루의 풍악소리에 포정문 여닫는 돌쩌귀의 아픔은
어느 날 하늘로 올라갔지만

찌그러진 양은 주전자의 막걸리는 살아있고
블루스의 감미로움에 저무는 줄 모르는
그네들의 잡은 손에 전해오는 이야기들

거긴 길이 있어 발자국이 남아있다
해일처럼 밀려오는 피난민들을 안아 주느라
굵은 땀방울이 맺혀있는 길바닥마다

한숨과 눈물을 잠재운 작은 불빛들
향촌동에는 늦도록 불이 켜져 있었는데
포성에 섞여 바흐의 음악이 흘러나온 여기

한 알 남은 씨앗에서 새싹이 트고
끊어질 듯 이어진 심지에는 불빛이 춤을 춘다

흰모래 60여만 말이 깔리고
솔잎 향기로운 송영문이 새워진 어가 길에
슬픈 역사는 지나갔지만

수제화 다듬는 손길에
시들지 않는 대구의 숨결이 살아있는
가슴 속을 비집고 들여다보면

나를 부르는 골목마다
숨었던 향기가 뿜어 나오고
그 발자국 따라가면
새로운 향촌동이 기지개를 켠다

형제여 이 땅의 밝은 내일 보려면 그 곳으로 가자
6.25 피난시절 문화수도인 향촌동에
고운 얼굴되게 색을 입히고
얼을 심어 맥을 이으면
향내음에 취해 노래가 나오는 마을

대구의 시내
향촌동에는 꽃이 핀다.

七月의 追憶

兵士는 철모를 눌러쓰고
역겨운 太陽을 外面한 체
礦脈이 뻗어간
발자욱을 따라
洪水에 씻겨간 故鄕
順의 손길이 보인다고 했다

어느 언덕 위에서
十字架를 흔들며 殘照를 뒤쫓던
한 무리들이 지쳐 넘어진
高地를 점령한 兵士의
값진 땀방울
아! 그때
十字架는 커다란 戰利品이었다

지금은
休戰線의 한갓 철사줄로
장식되어 버린
당신이 사랑하던 또리의 목에
걸쳤던 사슬에

兵士는 쓰다버린 日記帳을
흩어버리고

아무것도 가지지 않는
빈 주먹으로
우리가 지어주는
개선문을 통과하는
우울한 하늘
한 귀퉁이

七月을 이고
出發하던 나도 당신도
잃어버린 고향이 그리워서가
아니라
역겨운 太陽을 철모로
가림하고 十字架 戰利品을
껴안은 체
폐허로 돌아가는 어느
兵士의 걸음이나
지켜본다.

湖水가에서

바람에 실려 오는
그이의 목소리, 귀간지럽게 들리는데

- 저기쯤일까?
- 저기쯤일까?

조용한 파문이 미소처럼 번지는
湖水 위
그리움은 버들잎에 실려
고개 숙이며

이끼 푸른 바위 위에서
나는
살아있는 望夫石처럼

봄이 다 가버리는
슬픔도 잊은 채
기다림으로 피어나는
한 떨기의 꽃.

나무와 바람과 고향

바람이 지날 적마다
나무가 흔들렸다
고향이 흔들렸다
나무 밑에 누운 병사는
고향에 꿈을 보내고 있었다

나무에 기대섰던 숙(淑)이-
고향에 기대선 나무-
병사는 멀리서 손을 흔들었다

바람이 지날 적마다 나무는
병사가 읽어보는 숙이의 편지를 기웃거린다

어제 M-1 사격에 잠시 지쳤던
나무와 병사가
서로 고향 이야기에 정다운 한나절

심고 온 감자가 알이 드는 풋향기에
나무도 병사도 고개를 숙이고

고향으로 전해지는
銃소리를 듣는다

바람은
그때
내 귓가를 지나가고 있었다.

無題

손바닥만한 종이조각
布告令 第○号
便所 가려든차 반가운 물건인데
촘촘한 活字
그 움직이는 意味는 무엇이냐

녹스는 철조망을 생각하라
엄숙한 얼굴보다는 오만이 넘친
그러나
너의 위에 누군가 있다는
지극히 平凡한 사실을 잊어서는 안 된다

아스팔트를 두드리는
차가운 군화의 울림을
이제는 잊어야 한다
香氣가 흩어지는 校庭의
「라이락」이 病들어가는 午後

잔인할지도 모르는
6月의 門前에
서성이는 무리, 무리들이여

「마로니에」의 부푼 꿈을 안고
太平洋에서 뒤돌아간
어느 파리잔이
여기 中央廳에 번뜩이는
철모의 意味를 아는가

바다는 조용한데
조용한데로 뒤누운 심연의
분노를 조각배여
피 빛깔 기름으로 쏟아 달래려는가
하늘 색 연기로 달래려는가

녹스는 철조망 아래
가쁜 숨을 쑤셔 넣고
아! 나는 목마른 호흡을 한다

便所길 어느 모퉁이에 흩어져
고마운 손바닥만한 종이조각
布告令 第○号.

廢園의 詩

설익은 포도송이를 따 모을 때
맛 변한 포도주를 생각하며
진노한 박카스神의 얼굴을 그려보면
메마른 나의 포도원에
아픈 피의 값을 물어갈 아무 것도 없다

싱그러운 포도가 익을 때면
한 층씩 쌓이는 포도덩굴 굳은 껍질 아래
歲月이 쌓여가는 앙금을 바라보는 것도
한층 情겨운 일이었는데

내 얼굴은
흙빛으로 하루 日課를 보내고
손수건을 떨구고 돌아간
少女의 슬픈 流産消息이 온다

풍요한 젖줄에 익어가던
포도알

터뜨리면 씨알마다
씨를 퍼뜨리는 자랑을 머금고 있는데
말라붙은 두 젖무덤에로
쇠잔한 손가락을 비벼대며
마디 굵은 가지마다
임종의 미덕으로나 남아있는
미소

그것은
나에게서 떠나가는
老夫婦의 지팡이로나 남은
사랑.

5月에 부쳐

5月은 무슨 기념의 달
그날 투박한 발자욱이 아스팔트를 두드릴 때
꽃은 피어 입 속에 숨었다

사직공원 그 바위아래
빨간 손수건을 입에 물고 수줍어하던 少女가
어느새 어머니가 된 平凡한 사실
별일도 없는 그 날이
별맺음도 없이 끝나 버리는가

도시락을 꾀어들고
世宗路를 횡단하던 자랑이
하이-힐의 차거운 음향 속에 맥을 못 추고
"언제부터 커-피없는 다방이 되었소?"
"알면서 뭘-."
반쯤 열린 창문에 두터운 커텐을 느리고
희부연이 살찐 얼굴을 덮은 신문지
- 쌀 한 가마에 5,000원 선 -

5月은 무언가 자랑할 만한 季節인데
식어버린 kiss나 남기고서
머언 산줄기에 출렁이는 麥香
한번은 지켜야 할 사랑에 안타깝도록 초라한 5月이여
무거운 너의 짐을 나누어지고 싶다.

닭 울음 없는 새벽

하늘과 땅이 맞대어 잠든 여기
북위 ○○度線 근처
失鄕民들이 웅크리고 앉았다가
떠나가 버린 허허한 空地

누가
눈 먼 씨앗이라도 흘리고 갔더랬나

元山에 울부짖던 함포의 여운이
저 南海로 되돌아가도
놀란 고기들은 아직 못 돌아와
"이 철에도 허탕일세 그려-."

아비는 그물을 뜨고
濟州 海女는 살갗 자랑 온 것 같지는 않는데
손수레를 밀며 山으로 가는 順娥
순아의 부러운 두 눈동자
- 꼬옥 올해만 여기서 살아

어기여차
장마가 쏟아지고
흥건한 고기배들 술추념하는 뒷그림자

흐릿한 군화자욱에
비껴 앉은 아픔이여

바람이 조용한데
깃발도 없이 배가 들어온다
고기상자에 담기는 무수한
눈, 눈, 눈망울들

눈먼 씨앗이 흐트러져 퍼진
情에 겨운 順娥의 두 젖무덤

북위 ○○度線 경사진 땅에
손톱이 벗어지도록 흙을 파고
거기 한 알의 씨앗을 넣으리

잃은 故鄕은 잊어도
그 사랑은 남았으니-.

北風에 실려 오는 것은

香爐峰 골짜기 南江너머
바람은 거기서쯤 불어오는 것인가
哨兵의 꼭 덮인 방한모 사이로
한사코 스며드는 休戰線 넘어온 바람
흰 밤이 고요히 내리고 있는데
多情히 속삭여보는 어느 散兵壕 기슭에서
눈물어린
어린 哨兵
달빛에 낯익은 北風이여

어머니의 안부적신 부드러운 손길을
이 얼굴에 문질러다오
웃으며 네가 오는 時間
銃을 잡으며 얼굴을 드마
銀빛 번쩍이는 잘 손질된 M-1 銃口는
하고 싶은 많은 얘기를 代身해 주는데
어이 비통한 울음소리
흩날리는 落葉처럼 가슴에 쌓여
한사코 밤은 깊어야 하는가

차거운 물결

南江은 어린 날의 보금자리
잉어 낚아 늙으신 어머니 補身해 드리려더니
달빛에 흐르는 철조망
묶어놓은 많은 얘기들

어머니요
지금 바람이 부는데
香爐峰 기슭엔 꽃이 피고
꽃잎지면 거두고 싶은 銃口를
놓아서 아니 된다는 意味사 알고 있는 아들은
哨兵으로 여기 서서 당신을 맞으리다

休戰線은 만들어 놓고
누구도 책임이 없다는 썩은 뱃장을 울며
바람은 哨兵에게만 남겨놓고간 告發
울지 않으리라
눈물을 흘리는 마음은 울어 다짐하는
너와의 약속

南江기슭에는 흰 밤이 내리고
밤이 새도록 지나가는 어머니들의 목소리.

첫눈 내리는 밤

잃어버린 女人의 숨결을 호흡하며
그리움에 조그만 窓을 열면
어디선가 눈 쌓인 나뭇가지에
애기 사슴의 울음이 젖어드는데
Lamp 밑에서 日記를 쓰는 가슴으로
물결쳐 오는 女人의 까만 머리칼

기억은 흐르는 江물처럼
심장을 떠난 눈빛으로 다가오는
눈송이들

숨겨둔 이야기는
모두 죄스러운 사랑의 기록
창문을 닫고 가만히 눈을 감는다

밤에 내리는
첫눈
이야기.

香爐峰에서

꽃잎 진다는 故鄕 편지가
淑의 이름으로 반겨주던 날
발목이 덮이는 눈 속 9部 능선에
내가 섰다

聖者처럼 저리 초연해야 하는
意味마저 흐려지는 먼지 낀 두뇌에
계곡을 누비는 저 마의 금속성은
누가 肺腑 앓는 서름을 되뇌이고 있나

얼음을 걷어내고
삽질을 하는 兵士들은
호박구덩이를 파듯 壕를 파는구나

포대경에 다가오는
몸서리치는 증오의 座標
나의 L.M.G.는 가슴처럼 겨누고 있다
저기 한 점 붉은 GP

飛上하는 부운의 참뜻이야
바람에 밀리는 풀잎만도 못한 것
어머니의 두 젖무덤처럼
한 그루의 나무도 兵士와 多情한 벗

땅개미가 기듯
뚫려지는 혈맥 속에
자랑스러운 탄피의 歷史를 남기자

어느 江줄기를 타고
自由가 흐르는가
壕를 파는 兵士의 이마에 번지는 太陽의
겸손 속에
L.M.G.는 호박이 익어가는 고향의 모습

아직도
9部 능선에 흰 눈이 쌓여있고
지프차가 기어가는 등 뒤로
銃은 맨 兵士들은 熱心히
삽질을 하고 있다.

山이 주는 음성

칡뿌리를 씹는 아이들이
서러운 것이 아니라
山이 막혀 視野가 어두웠다

밤을 헤치고
냇물은 울어도
멀리 그에게 보일 수 없는 나의
슬픔

어디만큼
고향생각은 흐르다 만 것일까?

LAMP

조그만 石油 Lamp와 나
눈으로 주고받는 얘기
나는 너의 얘기를 白紙에 받아쓴다
- 창밖에는 빗줄기가 구슬프고
- 머언 곳에 외로운 少女도 있고
하이얗게 웃음 짓던 木蓮이 돌아앉고
모두 시들해진 들판에서 얘기
- 내 안에 잠자는 얼굴들은 내 모습으로 꿈을 꾸고
- 동그란 하늘로 하늘로 무늬져가는 어느 마을
石油 Lamp에는 석유심이 타는 소리
백지에 쌓여가는 이야기
이따금 너에게 귀를 기우리면
- 회색의 公會堂 모퉁이로
바이올린의 여운처럼 구두소리를 울리며
거기 치맛자락이 남고
얼마쯤 餘白을 남기고
나는 筆을 놓았다
Lamp는 또 심이 타는
고요한 소리

모자라는 밤을 애타하는 사랑이사
내일이 오면 다시 만나는 그 時間

조그만 石油 Lamp와
나의 이야기.

客愁

끌리는 발자욱 소리
뒤돌아보는 외로움

덜렁한 옷자락에
바람이 몰아온 銀杏잎 하나

고개를 드니
변한 건 머리칼뿐이 아니다

높아지는 하늘처럼
갈 곳은 먼데

싸늘히 식어가는 情이야
네 탓만도 아니련만

옷깃을 여미고 돌아앉은 山
달이나 솟지 말아야
팔베개를 고이리.

어느 하루

구름처럼
바람처럼
내가 가고 있는데

저기 손짓하는
그림자의 두 女人

긴 하루를 앞질러 가도

아득히 멀어지는
분 향기
풀 향기-.

木蓮

흰 얼굴이
닮은 생각

녹색
원피스에
미소를 삼키며
시집간 幸福을
서름인양 숨기고
내 앞에 고개 숙인
꽃처럼 생긴 얼굴이여!

헤어저간 옛 이야기는
잊자는 表情인가

한 송이
木蓮은
희디 흰
얼굴.

港口

외로운 마음들이 외로움만 던져 놓은
바다 사람에 안겨 살아온 울진 댁
바다 얘기만 잉태하고

방파제의 意味를 가르쳐 준
그이는 가버린
먼
날

황색 돛폭을 펼치고
퇴색한 人間들이
쏟아져 나오는
港口.

退勤時間

두 번 시계를 보고
주판알 몇 개를 튕기고 나면
아직 창 너머 차가운 하늘로 흩어지고 싶은
BB-1 산탄공기총의 압축된 공기처럼
팽팽한 지루함이여!
끼룩끼룩 어디선가 물오리가 울고 지나간 자리
내 가슴에는 지금
얼음장이 녹는가
어는가?
時計를 한번만 더보고
외투를 어깨에 걸칠 때면
문어 다리 삶은 뒷맛에 오금 못 펴던
○○ 番 술집 한 구석 방에
오그리고 앉아있을
때 묻은 女人의 치마허리 같은

두 번 시계를 보고
주판알 몇 개를 더 튕기고 나서
슬그머니 자리에서 일어설까?

公務員 教育院 周邊

주머니 속에 남아 있는 담배꽁초가 생각나서
침침한 블록 담을 끼고 찾아가던
토관 잿머리 부근에서 문득
어깨에 떨어지는 플라타너스의 찬 잎
가슴에 달린 교번(校番) 7숫자가
파아란 종이조각 위에서 웃는데
어느 날 강직하던 수험번호가 못 잊혀져
부러진 채로 넣어둔 연필을 깎아본다

더러는 떼를 지어
"유주사 재미가 어때?"
"보리이식재배 독려쯤 해봤으면 알 텐데 뭘-."
점심식사를 날라주던 토박이 대구아주머니의 웃음이 좋아
즐겨 들락거리던 납작한 구내식당 앞에도
빗자루를 들어야하는
일하는 一九六六년의 十一월

이 그득한 씨앗을 뿌려야하는 묵직한 교재(敎材)를 들고
흩어져가는 일꾼들 속에서
하늘을 쳐다본다.

隊列이 움직여 가는 곳

그 커다란 대열이 움직여 가는 곳에
무수한 힘의 흐름이 있었다
5. 16

물결은
모반과 오욕을 휩쓸어
영겁의 시궁창에 몰아넣고
밝은 날을 피하는
박쥐의 생리를 쓸어버렸노라

일없는 자의 무료함이며
텅비인 산맥을 기어 다니던 人間의
처절함은
어느 옛날의 전설인가

五년이 아니라도 좋은 것이다
二○년 二○○년에 이뤄놓을 역사를
움직이는 대열이 만들어 놓은
두해의 기적

거칠어진 어매 아배의 손등에
꽃처럼 피어난 따뜻한 웃음이여

이제사
내가 난 조국의 하늘에
우러러 부끄러움 없는
소망의 깃발을 울리며

五월은
싱싱한 바닷물
심연으로 파고드는 푸름이 넘친다.

哨兵

우람하게 피어난 꽃이었다
하늘이 열려간 어디만큼
隊列은 질서 있게 움직여 갔는데
寄港地마다 터지던 祝砲의 餘韻이여!
흩어진 손이 모여들고
갈랫길이 이뤄놓은 大路의 기쁨에
바람이 지나
발자국이 지나고
하나로 영글어진 結實의 자랑
뒤돌아보는 슬픔은
亭子아래서나 들어보는
풀이말 역사로 남기고
군화는 가벼운 음향 속에 哨所로 간다
-우리는 자유의 旗手 이 땅의 哨兵

더 많은 銃口를 모으자
우리들의 고향은 155「마일」의 저쪽
태극기를 그리는 그 가슴에도 있다

하늘을 열고
隊列은 일어서라
지나온 그 힘으로 다시 움직여라
우람하게 피어난 꽃은 우리들만이
가질 것인가

철조망에 찢기는 아픔의 세월에도
季節이 오면 피어나는
꽃

하나같이 우리는 꽃을 피우는 마음들
이 땅의 哨兵.

북방한계선

1.

우리를 슬프게 하는 밤도
지금은 잊어야 하는 새 역사가 오는데
여기는 아득한 단애의 한 귀퉁이

철조망에 달빛이
산산이 찢기는 상흔에
창백한 어느 수심을 들여다본다

범할 수 없는 한발자국의 공포를
바람이 날려주는 스산한 빙수며
메말라버린 어느 날의 낙화가 무덤으로
휩쓸고 간 사랑이 아닌가

이제 전쟁
백기를 앞세워 오는 조그만 생명 앞에서
쇳덩어리 저마다 아쉬움을 망각치 못한
해변의 내음.

2.

서서히 산은
잊어버린 마음들을 덮어가며
반창고가 붙어진 그 지점쯤에서
흉내를 내기 시작한다
– 너희 아빠는 살아있다
… 너희 아빠는 살아있다.

3.

이만큼 금을 그어놓고 줄넘기를 하는
어린아이들의 사상보다 더욱 단순한
어른들이여 어른들의 장난이여……

지금은 밤인데
우리를 더 슬프게 하는 밤인데도.

自由戰士의 墓地

砲聲이 누구의 거치른 음성이었습니까
그로부터 오랜 歲月이 지났다는
오늘도 눈만 감으면
原始林의 능금처럼 익어서
푸른 生命같이 上昇하는 아픈 思念

<목숨은 피고 지는 것>

끝내 못다 부르고 간
너의 줄기찬 사랑 노래를 위하여
休戰線 주위에서
슬기로이 들국화 피고
안개 같은 실비(細雨)가
墓石을 적실 때
피어도 피어도
久遠의 미소를 닮아
자꾸만 피는 이 노을은
戰爭이 남기고 간 슬픈
빛깔인가…….

小曲

山은
山이라서 그런대로
흐르는 구름이나 지키면서
지는 꽃잎에
서럽던
날

고이는 옹달샘에
그림자 하나
누나 그리운 아가씨야
내가
이리 설레이는
마음.

수필

자연의 소리

올해 식목행사는 대구의 중심부를 흐르는 신천(新川)변에서 실시되었다.

간단한 식수요령을 교육받고 배정된 개나리 묘목을 신천대로에 줄심기를 하였다. 작년겨울 개통되어 대구의 남북을 관통하는 대동맥으로서 매우 중요한 도로이며 또 신천을 끼고 있어 많은 시민들의 사랑을 받는 길이기도 하다.

정성스럽게 심기를 마치고 잔디가 곱게 깔린 고수부지에 늦은 점심을 먹으려고, 준비한 김밥을 펼쳐놓고, 흙손을 씻기 위해 물이 흐르는 신천으로 나갔다. 그러나 막상 손을 씻으려던 냇물을 보니 도저히 그 물에 손을 담글 수가 없었다. 시커먼 찌꺼기가 깔린 신천바닥 위로 흐르는 물은 온통 오물에 가까웠다. 냄새는 또 왜 그리 나는지.

흙 묻은 손을 들고 되돌아 나오며 참으로 난감한 심경이었다. 도심을 흐르는 신천, 정성들여 가꾸어 놓은 고수부지에 산책하는 시민과 체육시설들을 다만 멀리서 낭만적으로만 보아 왔는데 흙 묻은 손을 씻지도 못할 만큼 물이 오염되었으리라고는 생각도 못했던 내 무딘 눈이 얼마나 부끄러웠는지. 휴지쪽에 대강 손을 닦고 점심을 먹었지만 조금 전 시장기는 어디로 가고 입안은 쓰기만 했다.

한 달에도 몇 번씩 토요일이면 이곳에서 거창한 환경 가꾸기 행사를 하면서도 썩어가는 냇물의 실태조차 알지 못했던 눈뜬장님들 때문에 모든 시민의 젖줄이 되고 사랑 받아야 될 신천은 오염의 고통 속에 슬픈 나날을 보내고 있으리라.

그 날 이후 나는 시간이 허락되는 때는 반드시 신천변을 한 시간도 넘게 걸어서 집으로 가곤 했다. 우선은 휴지 조각이나 줍는 것이 고작이지만 이렇게 신천을 걸음으로서, 인위적인 오염을 막는 감시자가 되고자 하는 것이다.

대구광역시 중구청에서는 특수시책으로 삼계절 꽃피는 거리 만들기와 함께 민원실에는 작년부터 '자연의 소리'를 들려주고 있다. 복잡한 민원실에서 바람 소리, 산새 소리를 들을 수 있다는 건 민원실을 가득 채운 수목분과 자연의 세계를 보여주는 대형 비디오 화면과 어울려 찾아온 민원인에게 마치 숲속에 들어온 듯한, 평온한 자리를 마련해 주고 있다. 복잡한 업무에 시달릴 때, 잠시라도 이곳에 와서 자연의 소리를 들으면 금방 정신이 맑아진다.

테잎을 구해서 자동차 안에서도 자연의 소리를 들으며 출퇴근하니 짜증나고 골치 아픈 거리의 교통체증도 크게 신경 쓸 일이 없다. 느긋하게 기다리다 흐름을 따라가면 된다.

집안에서도 자연의 소리를 들으며 온가족이 화합과 사랑을 다진다.

환경을 가꾸는 일은 바로 자연을 살리는 길이며 그 혜택은 즉시 우리 인간들에게 돌아온다.

부정한 방법으로, 지탄을 받으며 한 푼의 돈이라도 더 모아 유산으로 남기기보다 건강한 우리의 후손을 위해 쾌적한 삶을 엮어나갈 깨끗한 환경을 남겨주는 것이 얼마나 더 보람 있는 일인가.

아직은 녹음된 자연의 소리에 만족하지만 머지않아 우리가 살아가는 주변에서 진짜 자연의 소리를 들으며 살아간다면 이것이 바로 낙원의 모습이 아닐까 생각한다.

썩어가는 강, 쓰레기가 쌓이는 산과 들 그리고 생활오수가 넘치는 거리. 이 모든 것이 "내 탓이오"라고 하는 시민의 의식개혁이 이루어지고, "늦었다고 생각할 때 아직은 늦지 않다."라는 말처럼 이제 환경 보전을 새로 시작하면 우리의 오염된 환경은 점차 회생되고, 따라서 자연은 푸근한 어머니의 품속처럼 우리 모두를 안아 줄 것이다.

다시 보는 山河

나는 여행을 좋아한다.

틈이 나는 대로 멀고 가까움에 구분 없이 여행을 떠나곤 한다.

별다른 계획도 없고 동행이 없을 때도 많다. 훌쩍 떠났다가 말없이 돌아오는 나만의 여행이 이제는 버릇처럼 되었다.

직장 동료와 더러는 단체관광도 다니지만 계획된 코스 틀에 박힌 단체여행보다 나 혼자 부담 없이 즐기는 여행에서 또 다른 관광의 묘미가 되살아나는 것 같다.

친구들 중에는 지독한 낚시광도 있고, 거창한 장구를 둘러메고 산을 오른다며 복잡한 버스 안을 휘집는 친구도 있지만, 그들은 나의 이 알차고도 짭짤한 여행의 맛을 모를 것이요 또 알자면 오랜 시간이 걸릴 것이다.

나는 여행 중에서도 국토순례를 즐긴다. 무심히 흐르는 강줄기에 석양이 아름답게 비치고 그 속에 나룻배를 젓는 뱃사공의 그림자가 좋고, 가을 하늘에 청명한 바위산의 의젓한 모습은 어린 날 늘 바라보며 장래를 꿈꾸던 변함없는 큰 얼굴이며, 사계절을 통하여 보는 구름이지만 가을날 맑은 산꼭대기에, 또는 하늘에 흘러가는 구름은 금상첨화이다.

바다 역시 나의 발길이 잘 닿는 곳이다. 만고무변의 바다 장엄한 해조음이 가슴을 열어주는 바다야말로 언제 가보아도 떠나기 싫은 나의 친구이다. 이처럼 발길 닿는 산하가 모두 천연의 관광자원이 아니고 무엇이랴.

그러나 여행의 멋은 도시에도 있다. 밤늦은 기차여행에서 멀리 보이는 잠든 마을의 조용한 불빛을 바라보다가 갑자기 환한 도시의 불빛, 그 불야성 같은 도시의 불빛에 휩싸이면 그 순간 나는 하늘과 땅을 잊고 우선 도시의 번잡한 공간에 서고 만다.

국토의 순례는 바로 우리의 것을 다시 찾아보는 눈을 뜨는 것이요 그 안에서 조상의 빛난 얼과 정교한 솜씨와 가슴 벅찬 흔적을 찾을 수 있고 그것들을 전승할 수 있는 계기가 되기도 하며 나아가서 나라와 민족의 사랑함을 문득 느끼게 된다.

조용한 산사(山寺)의 풍경소리에 혼잡한 마음을 씻어 버리고 부처님 앞에 정좌하는 자신을 찾아보면 여행에서 얻는 것이 정말 많음을 알게 된다.

"자식이 귀하거든 여행을 시켜라"는 말이 생각나기도 하지만 여행은 모든 일에 자기 스스로 해결해야 하는 일이 많아 은연중에 독립성이 강해지며, 남이 도와주지 않으면 참아 견디는 인내력이 필요하니까 절로 인내력이 강해진다. 여행은 역시 인간을 인간답게 하고 이웃을 참다운 내 이웃으로 맞이하여 원만한 대인관계를 가지도록 하여, 내가 몸담고 있는 산하를 애정 어린 눈으로, 손으로, 그리고 발로 접할 수 있는 기회가 되며, 나의 뿌리를 생각할 수 있는 계기가 되게 한다. 뿐만 아니라 순박한 시골 인심에 접해서는 소박한 마음씨를 배우고 위대한 자연과 접하게 되면 내 자신을 되돌아보는 겸손함이 생긴다.

고단한 가운데서도 차창 밖으로 자꾸만 달라지는 산하의 얼굴에서 또는 처음 만난 낯선 이와 동행으로 먼지길을 걷다가 고개 넘어 아늑한 그 마을 첫집의 대포 잔에서 느끼는 텁텁한 인정의 덩어리를 어찌 여행을 하면서 느끼는 맛을 모르면서 찾아볼 수 있겠는가?

가을이 익어간다.

각각 뚜렷한 개성을 지닌 채 네 계절이 번갈아 발길을 유혹하지만 가을만큼 행려자의 마음을 사로잡는 계절은 없다. 그 가을 어느 날 낙동강의 원류를 찾을 겸 도산서원으로 발길을 돌린다. 칠백 리 긴 여정에 굽이마다 한이 서리기도 하고 흥이 넘치기도 하는 낙동강은 6.25 당시 민족의 마지막 보루로서 붉은 피를 띄워 자유의 꽃을 피워준 고마운 강이다. 도산서원은 퇴계선생의 신주가 모셔져 있는 보물 제211호인 사당이 있을 뿐 아니라 당시 선생이 쓰시던 옛 책상, 돗자리, 타구 등 유물장이 보존되어 있으나 그 보다 선생의 호가된 퇴계(退溪)라는 개울을 찾아보자고 하여 수소문 해 물으니 선생의 산소로 향하는 산 밑의 조그만 도랑이 바로 퇴계라 한다. 다시 발길을 돌려 작은 목선을 얻어 타고 도산서원 앞에서 낙동강 하류를 향하니 발밑으로 옛날 초가집과 감나무며 작은 돌다리가 신기루처럼 나타난다. 바로 이곳이 안동댐의 건설로 수몰된 옛 마을 위로 내가 지나가고 있는 것이니 여행이 아니면 변화하는 국토의 한 모습을 어이 볼 수 있을까?

안동을 떠나 상주로 향하는 낙동강은 예천을 지나면서 삼강팔경(三江八景)을 낳고 서서히 흘러간다. 시월의 강을 건너보면 역사를 타고 흐르는 나를 느끼곤 한다.

하늘을 날아보라. 내려다 본 우리나라는 웬 산이 그리도 많은가. 산, 산 온통 산으로만 지도가 그려져 있고, 하잘 것 없는 인간은 그 산의 어느 한 귀퉁이에서 산 높은 줄 모르고 있는 것은 아닌지.

과연 우리나라는 산의 나라이다. 정기가 넘치는 씩씩한 산, 그 산들은 나름대로의 얼굴을 가지고 있다.

산도 역시 가을의 산이 깨끗하다. 더러는 인간이 투악하게 자연을 훼손하기도 하지만 가을의 산은 선명하고 의연하여 나의 여행길에 산을 빼놓을 수는 없다.

지형이 반도인 우리나라에서 바다는 그 품이 넓고 깊다. 삼면이 바다로 쌓여 있지만 그 중에서도 깨끗한 동해바다를 나는 가장 사랑한다.

호국의 넋을 지닌 대왕암이 있는 동해바다를 끼고 3년간 군무를 치르면서 얼마나 많은 이야기를 동해와 나누었는가. 특히나 거진 대진을 거쳐 화진포까지의 동해바다는 언제 어느 때 뛰어 들어도 나의 분신처럼 포근하게 맞아줄 것같이 느껴진다.

초록빛으로 영롱한 봄바다에는 새로운 생명의 소리가 들리고, 생동하는 여름바다는 끝없는 함성을 내지르며, 가을의 바다는 푸른 하늘빛을 담근 듯 청청하여 청순한 여인의 모습을 멀리서 보는 듯 하고, 겨울의 바다는 쓸쓸한 듯하면서도 일순 포효하는 짐승처럼 뒤눕기도 하지만 여름의 열기와 가을의 사색을 안으로 감추고 거울 앞에 앉은 누님의 숱이 짙은 머리칼처럼 가슴속을 흐르는 무엇이 있어, 나는 곧잘 아무도 없는 겨울바다, 그 차가운 모래톱을 걸을 때가 자주 있다.

여행은 추억을 남긴다. 여행 중에 생긴 여러 가지 사건들이 추억으로 남아 풍부한 인생을 누릴 수가 있다. 돌아보면 퍽 오랫동안 가보지 못한 동해안 바닷가의 파아란 잔디와 푸른 해송 사이로 얼굴을 숨기던 붉은 해당화의 추억이 다시 그리워진다.

바쁜 일상 속에서 간신히 시간을 만들어 서울행 차표를 끊어 쥐면 나의 마음은 이미 남산 꼭대기의 높은 탑 위에 또는 서울이 한 눈에 보이는 북악스카이웨이의 어느 휴게소, 그리고 전 세계의 이목이 집중한 가운데 젊음이 끓어오르던 서울 올림픽 경기장 한 귀퉁에 가 있는 느낌이다.

도시가 살아 움직이는 것을 피부로 느낄 때 나는 살아가는 진리를 느끼고 배우는 것이다.

흔히 외국 관광객이 우리나라에 처음 발을 딛고는 "원더풀"을 연발한다고 들었다. 낯선 이국땅에서 무엇이 그들로 하여금 "원더풀"을 연발하게 했을 것인가?

화창한 봄 날씨, 높푸른 가을하늘. 백설이 날리는 겨울의 정취라 하지만 이들의 원더풀은 그저 두 눈에 보이는 자연의 경치, 하늘의 찬사일 뿐 그 속에 숨어있는 우리의 얼굴 산하의 참모습을 알기에는 오랜 시간이 소요되리라. 여행으로 얻어지는 관광의 이득을 구태여 따지지 않더라도 하늘만 쳐다보고 원더풀 하는 외국인과 다른 나 자신을 찾기 위해서도 우리의 산하, 자랑스러운 관광자원을 다시 보고 익히면서 그 가운데 나라 사랑의 순수한 애정을 느끼고, 이것이다 싶을 만큼 진한 행복을 여행하는 가운데 체험할 것이다.

"사람이 여행을 하는 것은 도착하기 위해서가 아니고 여행하기 위해서다."라는 독일의 문호 괴테의 말처럼 행복이란 목적을 향해서 진행되는 과정에 있다는 사실을 쉽게 체득하게 된다.

풀 한 포기, 돌 한 개, 한 줌의 물도 우리의 것이고, 그 나름대로 영원불멸의 생명력을 지니고 있다.

여행을 통해서만 그 진수를 몸에 익히고 배울 수 있으며 그런 후에 새로운 모습의 우리 국토, 자랑스러운 산하를 만날 수 있기 때문에 나는 여행을 좋아한다.

斷想二題

■ 잊혀져 가는 것들

며칠 전 칠석이 지나갔다. 음력 7월초 이렛날 저녁에 은하수 서쪽 직녀성과 동쪽의 견우성이 까치와 까마귀 떼가 만들어준 오작교를 건너 1년에 한번 그리운 상봉을 한다는 날이다.

만남의 반가움이 한줄기 비가 되어 내린다는 칠석의 추억은 고향집 마당에 짚으로 짠 멍석을 깔고 아릿한 모깃불 연기 속에 강냉이 알을 씹으며 어머니와 함께한 어린 날이지만 이제는 고향도 멀어져가고 어머니도 계시지 않는 칠석이고 보니 그 의미가 더욱 새롭다.

섣달 그믐날 저녁에 잠을 자면 눈썹이 쉰다하여 애써 잠을 쫓으며 설레임 속에 기다리던 설날이며, 진달래꽃이 피기 시작하고 제비가 돌아오는 삼월 삼짇날의 화전놀이 그때 고향 비봉산(자미산)의 봄은 내 어린 날의 심성을 키우는데 큰 영향을 주었다.

우리나라 4대 명절 중 하나인 단오날, 남자들은 뒷등에서 씨름을 하고 여자들은 창포 삶은 물에 머리 감은 고운 모습으로 뒷산 소나무에 메어놓은 그네를 타고 푸른 하늘에 치마자락을 날리며 시집살이 가사일의 시름을 덜었다.

또 이 날은 창포로 만든 술과 떡을 부모님께 올려 효성을 보이기도 했다. 단오날의 대표적 놀이인 씨름과 그네는 한국의 전통적인 민속 스포츠라 할 수 있는데 그 중 씨름은 인기가 새롭게 뜨고 있어 반가운 일이다.

닷새마다 서는 시골장은 대부분의 장년들이 한 번씩은 떠올리는 고향의 모습이다. 백화점에다 홈쇼핑, 그리고 사이버구매까지 편리의 극치를 달리는 유통체계에 젖어 있지만 아직도 옛 모습을 잃지 않고 있는 성남의 모란장, 강원도 대화장, 그리고 경남의 화개장 등은 우리 민족의 멋과 낭만과 애환을 간직하고 있다.

우리의 것, 우리의 삶이 녹아있는 무형 유형의 문화유산에는 조국을 생각하고 애국하는 원천이 서려있어 손때 묻은 조상의 유품이나 전설까지도 꼭 간직하고 이어 가야할 책임과 의무를 다시 한 번 느껴본다.

그러나 너나없이 모두 오늘을 살아가기에 바쁘고 망각의

세월에 무심히 몸과 마음을 맡기고 있다.

올 여름, 겨울철 휴가와 방학에는 가족과 함께 박물관이나 인근 문화유산을 찾아 잊혀져 가는 모든 것들을 붙잡아 보는 것도 큰 의미가 있을 것 같다.

놀이문화의 개선

평소 열심히 일하는 사람들에게 휴식은 필수적이다. 땀 흘린 다음에 맛보는 편안한 휴식의 가치는 실제 겪어 본 사람만이 알 수 있는 값진 것이기 때문이다. 본격적인 휴가철을 맞이하여 휴일이 아니더라도 쉴만한 곳이면 어디든 사람의 발길이 분주하다.

특히 여름철은 너나없이 한번쯤 휴가를 다녀와야 하는 계절로 굳어지고 있다. 넉넉한 휴가는 일상에 시달려 식욕이 떨어지고 매사가 노곤하여 힘이 빠질 때 재충전의 역할을 한다.

누구나 몸과 마음에 여유가 생기면 만사를 잠시 접어두고 좋아하는 것에 몰두하게 되는데 언제부터인가 많은 사람들에게 고스톱이라는 화투놀이가 성행하고 있다.

아름다운 심산유곡을 비롯하여 가로수 그늘, 다리 아래, 시장 바닥, 상가대호상소, 심지어는 달리는 관광버스 뒤쪽을 아예 고스톱장으로 만들어 온통 화투에 매달려 있다.

별다른 대중적 놀이도 없고 또 고스톱이야 푼돈으로 시간 보내는 데는 그만이라고 강변하는 사람도 있지만 고스톱도 엄연히 도박이고 보면 들키지 않게 속임수를 써야 되고 불리하면 옆 사람과 모략도 꾸며야 한다는 직업 도박꾼들의 팔법심요(八法心要)를 생각하게 되는데 이기면 돈을 잃는 상대방이 앙심을 품게 되고, 지면 자신의 마음과 지갑이 멍들게 되는 것은 어쩔 수 없으리라.

또한 고스톱은 상대방의 점수를 불리하게 만들어 반사이익을 얻는 좋지 않은 방법으로도 이뤄지는 행위이므로 고스톱에 매달리는 것은 건전한 놀이의 하나라고 보기에는 아무래도 문제가 있는 것 같다.

진정 고스톱을 대중의 놀이로 정착시키려면 우선 남의 눈에 보이지 않는 실내와 같은 곳에서 즐거운 마음으로 부담없이 할 수 있는 성숙된 문화의식을 다 같이 만들어 나가야 할 것이다.

모처럼 휴가에 집을 떠나 보고 싶은 곳을 가게 되면 수려한 자연경관을 살펴보고, 문화적 가치가 있는 곳이면 그 의미를 찾아보는 것도 좋고 가족이 함께하는 자리라면 아이들을 위한 배려로 평소 접하기 어려운 자연과 환경친화를 위하여 귀한 나무와 꽃을 가까이 하고, 해변이라면 모래조각 등으로 동심에 같이 어울려 보는 것도 휴가에서 얻을 수 있는 값진 소득이다.

관광버스를 타고 가며 질탕한 술과 소란한 춤으로 소음 공해는 물론 사고의 위험도 같이 안고 어느 길을 다녀왔는지 생각조차 못하고 고스톱으로 잃은 돈 때문에 집에 와서도 신경질만 나는 여행이나 휴가를 경험했다면 이제는 바꿔야 할 놀이문화가 아닌가.

살며, 생각하며…

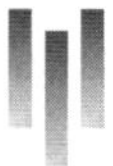

어떤 효자

내 고향 이웃마을에 사는 김씨는 학교라고는 문전에도 가 보지 못한 채 혼자 계시는 아버지를 모시고 자식들을 키우며 농사짓고 사는 평범한 농부이다.

다만 부업이 있다면 닷새마다 면소재지에 서는 장날에 소 매매를 알선해 주고 약간의 구전을 받아 생활에 보태고 있었다. 그러나 이분의 평범한 생활 속에는 남다른 것이 있으니 한결같은 효성이다.

보통 우시장은 농사를 끝낸 늦가을에서 겨울 한철에 이뤄지는데 매매를 성사시키기 위해서는 바람도 잡아야 하고 막걸리잔도 건네야 하는 것이 관례였다.

그렇게 하루 장을 보고 집에 돌아오는 시간은 항상 밤중이었고 한잔 두잔 기울인 술기운은 집에까지 와서도 깨지를 않았다. 김씨는 찬물에 얼굴을 몇 번이고 씻어내고 그래도 술기운이 완전히 가시지 않으면 마을을 몇 바퀴 돌아 맑은 정신이 되어서야 아버지 방에 가 큰 절을 하고 이부자리를 본 뒤 아버지 옆에 누워 그날 장 이야기를 들려 드리면서 잠자리가 따뜻해지고 잠드시는 것을 확인한 뒤 부인이 있는 안방으로 건너간다.

이 분도 예순이 훨씬 넘은 나이지만 이처럼 한결같은 정성으로 어른을 섬기고 있었다.

우리나라에서 흔히 효는 인류의 근본이고 만인이 지켜야 할 기본 도리이며 부모 봉양하는 정성으로 사람의 됨됨이를 평가하는 척도로 삼기도 했다.

부모에게서 몸을 빌어 생을 시작한 사람이 그 부모에게 효를 행한다는 것은 너무도 당연한 일일 것이다.

어느 자료를 보니 영국 런던의 한 초등학교 학생들에게 "이 세상에서 가장 존경스러운 사람이 누구냐?"고 물었더니 95%의 학생들이 어머니를 꼽았다고 한다.

효는 세계 공통의 행위다. 그러나 자기의 자식과 아내는 귀하고 사랑스러운 줄 알면서 자기를 낳아준 부모님은 존재조차 잊어버리고 사는 사람들이 우리 주위에 흔하디흔하다.

부모님의 재산을 빨리 상속받고 싶어 아버지를 죽인 어느 대학교수나, 편애를 한다는 자기만의 생각으로 부모를 토막내어 방기한 짐승만도 못한 사람의 탈을 쓴 그런 사람들과 함께 살아야 하는 이 세상에, 늦었지만 김씨와 같은 우직한 효성에 눈과 귀를 열어야 할 때가 된 것 같다.

주례사

수십여 년 전 고향 면사무소에서 근무할 때 가정 형편이 어려워 예식도 올리지 못한 채 살아가는 동거부부들을 위한 합동결혼식을 준비했다.

주례를 해 주기로 한 유지 어른의 갑작스런 사고로 당시 주무계장이던 내가 난생 처음으로, 그것도 세 쌍의 합동결혼식 주례를 맡게 되었다. 격식도 없이 진정 마음에서 우러나오는 주례사로 그날 행사는 감격 속에 끝났고 그 후 고향을 방문하면 행복하게 잘 살고 있는 그분들을 만난다.

그 때의 인연으로 하여 지금까지 200여 쌍이 넘는 결혼식 주례를 하면서 사랑과 신뢰로 새 인생을 출발하는 많은 젊은 이들의 행복한 가정을 인도하였고 또 지켜보고 있다.

결혼은 인간의 완성을 뜻하며 새로운 시작의 큰 의례이다. 주례를 부탁 받으면 먼저 두 사람의 됨됨이를 여러모로 살펴보고 가정과 성장과정을 알아본다. 그리고 나 자신 목욕과 이

발을 하고 깨끗한 마음으로 그들이 살아가는데 꼭 필요한, 그래서 평생 지닐 수 있는 주례사를 만들어 본다.

성혼을 선언할 때는 무거운 책임감과 긴장을 항상 느낀다. 하객들에게도 언제나 축하와 함께 신랑신부의 평생 삶에 증인이 되어 달라는 말을 잊지 않는다.

그러나 지금은 결혼의 의미가 많이 변질되어 가고 있는 것 같다.

우선 경건하고 엄숙해야 할 결혼식장은 마치 시장판 같고 축하 보다는 체면으로 혼주만 보기 바쁘게 식당으로 향하는 많은 하객들, 하지만 그보다 더 기가 막히는 것은 젊은이들의 이혼이 급증하고 있다는 현실이다.

자료에 의하면 1999년 하루 평균 이혼이 323쌍이나 되고 이중 소송이 113건으로 전년 대비 5.3%나 늘어났고 10년 전에 비하면 무려 160%나 늘었으며 결혼 5년 미만에 31.4%가 파경을 맞았고 황혼기 이혼도 늘고 있다는 통계이다.

중대한 이혼사유도 있겠지만 인스턴트 문화의 영향으로 결혼도 계약처럼 맘에 들지 않으면 언제라도 파기하고 눈물도 후회도 없이 간단하게 헤어지는 메마른 인성을 어떻게 고쳐야 할 것인가?

세상에 완벽한 사람은 없다. 결혼 상대자가 60점 정도로 평가된다면 나머지 미완성의 40점은 두 사람이 함께 노력하여 채워 나가는데 결혼생활의 또 다른 의미가 있지 않을까?

이제 주례를 맡기가 두려워진다.

그들에게 어떤 내용의 주례사를 들려주어 결혼의 참뜻과 인생의 바른 길을 알게 해야 할지 자꾸만 어려워지기 때문이다.

삶, 그리고 길

누가 장애인인가?

어느 가난한 노동자의 평생소원 가운데 하나가 멋진 구두를 신어 보는 것이었으나 그의 형편으로는 쉽게 이루어지지 않았다.

열심히 노력하고 절약한 끝에 마침내 구두를 사려고 백화점으로 가는 도중에 두 발을 잃고 휠체어에 앉아 있는 장애인을 만나자 그는 문득 자기의 건강한 두 발을 내려다보았다.

「그래! 아무리 좋은 구두가 있다한들 저 사람에게는 쓸모가 없겠지. 나는 튼튼한 두 발이 있으니 까짓 구두쯤이야…….」

그는 발길을 돌려 열심히 자기 일을 했다는 것이다.

우리 이웃에는 많은 장애인이 있다.

선천적인 장애인과 순간적인 사고로 장애를 입은 사람도 적지 않다. 어떤 사유로든지 장애는 생활에 많은 고통을 주고 있다. 때로는 주위의 도움이 없이는 생명유지조차 어려운 중증 장애인도 없지 않다. 잠시 내가 아플 때의 고통을 생각해 보고 평생 그 아픔을 안고 살아야 할 장애인의 입장을 한번쯤은 바꿔놓고 생각해본다.

멀쩡한 육신을 가지고 있으면서도 어떤 사람들은 스스로 장애인이 되어가고 있는 것을 보면 참으로 안타깝다.

심신의 장애를 극복하고 굳은 의지와 피나는 노력으로 정상인들보다 앞장서서 삶의 지표가 되고 있는 사람들도 많이 볼 수 있다.

학교 문턱에도 가보지 못한 소아마비 1급 장애인이 여러 사람들이 쓰고 있는 워드프로세서 한글 개발의 핵심 주역이 된 사례나, <오체불만족>이란 책을 쓴 일본의 오토다케 히로타다는 우리가 상상도 못할 신체의 장애를 극복하고 인생의 대만족이라는 감격적인 삶으로 많은 사람들에게 용기를 주고 있다.

지난 4월 20일은 장애인의 날이었다. 누구에게라도 장애인이 될 소지는 항상 잠재되어 있기 때문에 이 날은 장애인들만의 것이 아니다. 우리가 장애인을 위해 무엇을 해 주고 있는가?

휠체어가 굴러갈 수 있도록 길바닥의 턱을 없애는 작은 일

하나도 제대로 된 적이 없다. 또한 그들을 보는 편견의 무서움은 언제쯤 털어 낼 수 있을런지…….

차 안에서 내다보니 아주머니 두 분이 인적이 드문 보도를 걸어가고 있는데 한 분은 지체장애인이었다. 대화에 열중하면서도 동행과 보조를 맞추려고 애쓰는 그 아주머니의 걸음이 더욱 안쓰러워 보이는 아침이었다.

봉평을 지나며

모처럼 강원도 내륙지방을 둘러보는 3일간의 여행기회를 얻었다. 3년여의 군생활을 강원도에서 보냈지만 36년 전의 그때와 군복을 벗고 인생의 반을 넘게 살아온 지금 다시 보는 강원도의 산하는 참으로 경이적이고 신기하였다.

영월 장릉을 참배하고 평창군 봉평장터를 지나게 되었다. 그 유명한 이효석의 <메밀꽃 필 무렵>의 무대가 된 곳이다. 스쳐 지나가는 나그네의 눈에는 흰 눈이 쌓인 것 같은 메밀밭이 보였고 봉평마을에도 온통 메밀꽃식당, 메밀꽃 노래방 등 메밀꽃이 들어간 간판 일색이었다. 강원도의 작은 봉평마을은 이효석이란 불멸의 위대한 작가를 탄생시킨 자랑으로 가득한 것 같았다.

그의 많은 장, 단편소설 중에서도 대표작이라 할 수 있는

<메밀꽃 필 무렵>은 세월이 흘러 갈수록 더욱 작품의 진가를 나타내고 현대를 살아가는 사람들에게 진한 향수를 불러일으키고 있다.

얼금뱅이 왼손잡이인 주인공 허생원이 봉평장짐을 거두고 동업자 조선달과 애송이 장돌뱅이 동이를 데리고 다음날 대화장을 보기 위하여 달빛아래 메밀꽃이 하얗게 핀 산길을 걸어가면서 평생에 한번뿐인 사랑얘기를 나누는 모습은 마치 진경산수화를 보는 느낌이다. 허생원은 물레방아간에서 맺은 단 한 번의 사랑을 못 잊어서 이십여 년 장돌뱅이 생활 가운데서도 이곳 봉평장은 한 번도 거른 적이 없었다는 쓸쓸하고 뒤틀린 반생을 살아간 작품내용을 더듬으며 1930년대의 봉평장터 모습을 그려 보았으나 10만평이 넘는 메밀밭을 조성하고 효석공원을 만든 지금에도 메밀꽃이 핀 산길, 달빛을 받아 반짝이며 흐르는 작은 개울, 그리고 이름 모를 벌레들의 울음소리 밖에는 생각이 미치지 않았다.

일정이 미리 잡혀 효석문화마을을 둘러볼 기회가 없었던 것이 못내 아쉬웠으나 메밀꽃축제가 열린다는 9월을 기약하며 발길을 돌렸다.

많은 위락시설이 생기고 소득 면으로 따지면 권장하기가 어려운 메밀밭을 파격적으로 늘리는 당국의 관광 사업은 가상하지만 봉평이라는 작은 마을에서 태어나 36세라는 짧은 생을 살고 간 위대한 문인의 고향으로서 옛 모습이 잘 보존

될 수 있으면 더 바랄 것이 없겠다.

언제 찾아도 봉평장터는 달빛아래 메밀꽃이 흐드러지고 허생원과 같은 장꾼들을 우리 이웃에서 쉽게 찾아볼 수 있도록 그런 바램은 나만의 욕심은 아닐 것이다.

별을 헤는 밤의 二題

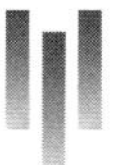

태풍은 불어도

IMF 관리시절의 어려움도 거의 극복되어 가고 꿈결에나 그려볼 수 있었던 남북 정상회담 성공과 공동선언문 발표는 통일을 갈망하는 7천만 겨레의 소망을 성큼 앞당겨 놓았다.

모든 국민이 들떠 있는 그늘에서는 끊임없는 노사갈등, 정치의 불안, 가진 자들의 과소비, 정착되지 못하는 의약분업의 후유증, 남북 간의 냉기류 등은 우리 모두의 지혜를 개발하고 양보의 미덕으로 슬기롭게 어려움을 극복하여 비온 뒤에 더 굳어지는 땅처럼 성숙한 자세를 보여야 할 과제이다. 함께하는 사회의 기본인 질서가 흐트러지면 모든 것은 제자리를 잃는다.

노사갈등의 경우 노동자와 사업주는 수레의 두 바퀴 같은 관계이므로 각자 제자리에 있어야 그 수레는 굴러갈 수가 있을 것이다. 서로 불신을 걷어내고 마음을 비우면 내가 보이고 이웃이 보인다고 한다.

대구의 동인네거리 부근에 조그만 안경점이 하나 있는데 문을 연지 20년이 훨씬 지났지만 그 주인은 항상 자상한 성격으로 가게를 잘 관리하며 몸에 배인 친절에는 정성이 가득 담겨있다.

"이 가게가 얼마나 소중합니까. 우리 가족의 생계가 여기에 달려 있고 아이들 셋을 훌륭히 키울 수 있었던 것도 이 가게 덕분입니다. 내가 늙어서 일을 못하면 우리 아이중 하나가 이 일을 맡을 것입니다." 이웃 일본 사람들은 자기가 한번 선택한 직장은 평생 떠나지 않고 그 곳에서 보람과 긍지를 가지고 열심히 일한다고 들었다.

몹시 추웠던 지난겨울 어느 날이었다.

어린 종업원이 무겁게 들고 가던 중국음식 배달통에 새겨넣은 글씨가 다시 생각난다. 「태풍은 불어도 철가방은 달린다」 그동안 각 분야에서 열심히 일하던 사람들이 회사의 부도로 실업자가 되거나 구조 조정에 따른 조기퇴직으로 일터를 잃고 거리를 떠도는 모습이 아프게 남아있다.

사람이 살아가노라면 늘 따스한 미풍만 불지 않는다. 때로는 태풍도 닥칠 것이다. 그럴 때마다 용기를 잃지 말고 자기를 아끼고 사랑하며 이웃과 더불어 살아가는 믿음의 사회를 만들어갈 때 태풍 뒤에 보이는 밝고 활기찬 세상은 도전하는 사람들의 몫이다.

능력과 복력(福力)

몇 해 전 모 탤런트 가족이 미국에서 복권당첨으로 엄청난 행운을 얻어 벼락부자가 되었다는 보도가 있었고 국내에서도 수십억짜리 당첨금을 내건 복권사업이 호황을 이루고 있다. 돼지꿈을 꾸고 구입한 복권이 당첨되어 평생 동안 만져 보지 못할 거금을 챙긴 이도 있고 다방에서 심심풀이로 사서 긁은 복권이 당첨되어 종업원들과 당첨금 배분관계로 송사까지 벌어지는 웃지 못 할 일도 생기더니 그런 탓인가 이름도 생소한 갖가지 복권이 불티나게 팔리고 있다.

점심 한 끼를 굶고 즉석복권을 긁고 있는 샐러리맨의 떨리는 손끝이나 증권 객장에서 또는 경마장에서 일확천금을 꿈꾸는 사람들, 보도에 의하면 요즈음 국내의 강원랜드 카지노에서 전 재산을 탕진하고 오도 가도 못하는 신종 노숙자가 수백 명이 된다고 한다.

땀 흘리고 노력하면 정당한 대가를 얻고 근검절약하여 부를 쌓는 것이 정도라고 할진대 멀쩡한 육신을 가지고 턱없는 행운이나 바라며 빈둥거리는 사람들은 도대체 누구인가?

70년대 이전만 해도 가난이라는 큰 물결 속에 너나없이 휩쓸려 고생을 했고 그래서 가난으로 빚어지는 잘못은 관용을 베푸는 사례도 많았다.

그러나 오늘날의 가난은 그 의미가 다르다. 정상적인 사람으로 노력만 한다면 최소한의 생계는 꾸려갈 수 있다. 소위 3D라는 직장에는 사람을 구하지 못하여 해외 근로자로 채우고 있다.

부유층에 대한 불만과 그로인한 상대적 빈곤이 더욱 몸과 마음을 황폐하게 하고 있다. 자본주의 사회에서 노력하는 만큼 얻는 것이 순리라고 한다면 우리도 이제는 관용의 대상이 아니라 죄가 될 수밖에 없다. 대도시의 염색업종 등 힘드는 사업장에는 일할 사람이 모자라도 통계상의 실업률은 줄어들지를 않는다.

옛말에 '사람이 제 먹을 복은 타고 나온다.'라고 했는데 각자가 가진 능력에 따라 열심히 일할 때 이 말의 참뜻이 있다고 본다.

살아가노라면 더러는 눈먼 재화가 생길 수도 있지만 횡재한 재물은 행복보다는 재앙을 부르고 땀 흘려 재물을 모으는 재미를 빼앗아간다.

열자의 탕문편에 「우공이산(愚公移山)」이란 말이 있는데 사방 7백리에 높이가 1만길이나 되는 산 두 개를 우공이 옮긴다고 나서자 남들이 어리석은 일이라고 비웃는 것을 그는 자자손손이 일을 게을리 하지 않는다면 언젠가는 반드시 이룰 것이요 라면서 흔들림 없이 일하는 것을 보고 천제가 감동하여 두산을 업어다가 삭북 동쪽과 옹주 남쪽으로 옮겨 주었다고 한다.

진정한 복력은 자기의 소신과 능력으로 최선을 다한 뒤에 얻는 바로 이런 경우가 아닐까?

버드나무집 푸줏간

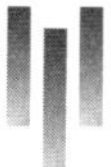

고향을 얘기할 때면 누구나 진지해진다. 그리고 시공을 뛰어넘어 모두 동심의 세계로 돌아간다.

살아가는 것이 즐거우면 그런대로, 또 어려우면 어려운 가운데서도 고향을 생각할 때는 일상의 모든 것을 털어 버리고 단편적이나마 고향의 상징 같은 것을 생각하게 된다.

내 고향은 경상북도 북부지역.

예부터 선비의 고장으로 많은 인물들이 배출되었고, 산이 좋고 물이 맑아 사람들의 인심이 유별나게 훈훈한 곳이다.

그러나 좁은 농토뿐이고 별다른 소득원이 없는 곳이고 보니 나름대로 열심히 일을 하여도 먹고 살기가 빠듯하여 지금도 어린 시절의 고향을 생각하면 배고픈 아픔이 가장 먼저 떠오르곤 한다.

그런 고향을 떠난 지도 많은 세월이 흘러 이제는 명절이나 고향을 지키는 일가친척들의 길·흉사가 있을 때야 고향을 찾아 어린 시절의 추억들을 밟아본다.

몰래 잿불에 구운 감자 몇 알을 주머니에 숨기고 소를 몰고 뒷산에 올라 고삐를 소잔등에 걸어둔 채 푸른 잔디밭에 누워 흰 구름을 쳐다보면서 그 구름들이 만들어 내는 무궁무진한 조화 속에 화려한 궁전도 지어보고 용감한 탱크도 만들어 보던, 내 어린 상상력을 끝없이 펼치다가 하루해가 기울면 배가 부른 소를 몰고 돌아오던 지난날-.

지금도 집집마다 몇 마리씩의 소는 키우고 있는데 풀을 뜯어 먹이며 키우는 소가 아니라, 농촌의 사랑방만큼이나 아늑하고 깨끗한 우사에서 각종 농사 부산물과 한여름 땀 흘려 마련한 건초와 사료를 정성스럽게 섞여 먹여 전통 한우의 맛을 내는 고기 소로 살을 찌우고 있다.

쟁기를 멍에에 걸고 아버지의 구령에 따라 밭고랑을 갈아주던 그 옛날의 우리 집 일꾼 소. 경운기를 비롯한 각종 현대식 농기구에 일터를 넘겨주고 지금은 농촌에서 소중한 재산증식 1호가 되어버린 소들을 어루만지며 많이도 변한 농촌에 어린 시절이 더욱 그리워진다.

시간을 얻어 고향을 찾을 때마다 나는 면소재지 마을에 있는 버드나무집 푸줏간에 꼭 들른다.

가난에 찌든 어린 시절에는 고기 굽는 냄새로 만족해야 했고, 나이 들면서 체질상 고기를 삼가고 있는 형편이라 푸줏간과 그렇게 친할 이유는 없지만 이 버드나무집만은 예외이다.

대를 이어 푸줏간을 경영해 오고 있는 버드나무집에서는 고향에서 키워 낸 얼굴 익힌 한우만을 골라서 직접 잡아 판매하기로 소문이 나 있다.

잡은 소를 즉석에서 석쇠에 구워 막걸리와 함께 팔기도 하나 버드나무집의 명성은 냉동되지 않은 금방 잡은 고기를 인심 좋은 칼질로 뚝뚝 잘라서 넉넉한 근으로 파는 일이다.

고향 사람들이 직접 키운 한우만 고집스럽게 취급하므로 진짜, 가짜 운운하기도 미안한 생각이 들 정도로 버드나무집 영감은 평생을 오직 한길로 살아왔다.

뒤돌아보면 어린 시절, 꿈결 같지만 1년 내내 쇠고기 한 번 먹지 못하다가 가족 중 누가 생일이 되면 귀하게 맛보던 쇠고기를 이제는 사흘이 멀다 하고 먹게 되니 참 살기도 좋아졌을 뿐 아니라 너무 낭비를 하는 것 같고 쇠고기의 진가를 떨어뜨리는 것 같아 미안한 생각이 든다.

시내 곳곳에 저마다 '한우전문 갈비집'을 자칭하며 고깃집이 우후죽순처럼 늘어나는데 그 많은 갈비집에 어찌 우리 한우 고기를 다 공급할 수 있을까?

고기를 절인 양념에는 어느 맛에 먹는지도 모를 정도로 설탕, 화학조미료까지 퍼부어 한번 먹고 나면 며칠씩 고기 생각도 나지 않을 만큼 물리게 한다.

맛에 자신이 있는 우리 한우 고기라면 화학조미료 따위를 그렇게 과하게 넣을 필요가 있을까?

고향의 버드나무집 푸줏간에서 숯불을 벌겋게 피운 석쇠 위에 왕소금만 뿌려 구운 우리 한우 고기의 그 맛, 입 안에서 씹는 기분부터가 별다른 우리의 한우 고기 맛에 익숙한 터라 시내 일부 불고기집의 국적 불명 고기를 어찌 모르겠는가?

맛있는 한우 고기는 입맛은 물론 건강에도 좋고 나아가 잊혀져 가는 고향을 생각나게 하며 정성으로 한우를 키우는 고향 사람들을 다시 한 번 사랑하게도 한다.

국제적인 농산물 파동 이후 최후의 농촌 보루라고 할 수 있는 한우사육에 힘을 모으고 도시의 소비자들이 한우 고기를 찾을 때 농촌과 도시를 연결해 주는 고삐가 더욱 든든해질 것이라고 생각한다.

한 주일 동안 바쁘게 일하다가 모처럼 반가운 고향 친구를 만나면 나는 진짜 한우 고기의 맛을 찾아 이름난 불고기집들을 기웃거려 본다.

그러다가 마땅한 곳을 찾지 못하면 두 시간여의 자동차 길을 멀다않고 고향의 버드나무집 푸줏간을 찾아간다.

그리고 어려운 여건에서도 꿋꿋하게 고향을 지키고 있는 어린 시절의 친구들을 불러내서 함께 소주잔을 기울이며 석쇠 위에 왕소금을 뿌려 구운 한우 고기의 변함없는 참맛에 시간 가는 줄을 모르며 깊은 우정을 다지고 고향을 찾은 기뼘을 만끽한다.

수입 쇠고기, 폐젖소 고기 등이 아직도 완전 구분판매 되지 않는 마당에 우리 한우 고기의 참맛을 지키기가 어려운 일이기는 하겠지만 전통 한우 고기의 참맛을 보전하고 농민들의 땀방울에 섞인 정성에 보답하며 아울러 공해에 찌든 도시인들의 건강을 증진하는 우리 한우 고기를 반드시 지켜야 한다는 것은 식도락가의 욕심을 떠나서 또 다른 의미가 있을 것 같다.

특색이 있고 친근감이 가는 전문 판매점을 개설하고, 축협의 책임 있는 보증으로 신뢰감을 쌓는다면 마음 놓고 먹을 수 있는 사랑받는 전통 음식이 될 것이다.

휴일이 오면 고향의 푸근한 인심과 함께 한우 고기가 생각나고, 한우 고기의 구수하고 깊은 맛에 군침이 돌면 또 버드나무집 푸줏간이 그리워진다.

아무리 세월이 흘러도 고향을 잊을 수 없는 것처럼, 버드나무집 푸줏간의 한우 고기 맛은 고향의 맛, 고향의 냄새를 간직한 채 영원히 잊혀지지 않을 것 같다.

이 가을에

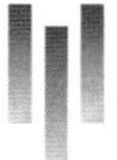

올해도 가을은 도심의 노오란 은행잎으로부터 어김없이 찾아왔다.

자세히 살펴보면 매연과 먼지의 숱한 도시의 공해에 시달려 은행잎은 노랗다기보다 칙칙하게 변색되고 있어 바라볼 때마다 측은한 생각마저 들기도 한다.

지난 유년기에 시골에서 학교에 다닐 때 노오란 은행잎이 너무 예뻐서 책갈피에 넣기도 하고, 지금은 서울로 시집간 뒤 소식이 없는 내 짝에게 소중한 편지인 양 보내놓고 공연히 가슴이 설레기도 했던 그 은행잎이 칙칙한 모습으로 깊어가는 가을을 알리고 있다.

생활에 묻혀 뒤돌아보지도 못하고 살아온 지난날이 쌓이고 보니 중년의 세월도 깊어져 감성도 모두 무디어지고 하루하루 일상에 시달려 늘상 돈 이야기 하며, 아이들 치다꺼리에 편한 날이 없으련만 내게 있어서 가을은 좀 특별하다.

단풍이며 낙엽이 전해주는 가을의 정취에 병적일 만큼 집착이 가고, 가을이 깊어질 때쯤이면 멀리든 가까이든 여행이라도 다녀와야 직성이 풀리는 나의 가을은 그래서 어느 계절보다 분명하고, 그 가을은 무엇인가 내게 남기고 떠나가는 계절이 되곤 했다.

그러나 이번 가을은 몇 번이나 떠나려던 여행을 이런저런 일들로 미루기만 하고, 그러는 사이 깊어가는 가을에 대한 향수 때문에 자주 밤잠을 설치곤 했다.

섬돌 밑에서 울어대는 귀뚜라미 소리에 공연히 눈시울을 붉히며 토담집 봉창 아래서 밤을 새우던 어린 그 시절. 지금도 불이 꺼진 아파트의 베란다에 나가 서서 무언가 기다리는 허무한 마음도 가져보지만 나이가 내게 주는 빈 마음처럼 도시의 가을밤은 아무것도 없다. 졸고 있는 외등이 오히려 쓸쓸하고 이따금 지나는 자동차의 소음이 더욱 깊은 밤을 고즈넉하게 할 뿐이다.

가을이 되면 조락의 분위기에 쌓여 그렇기도 하지만 제 색깔을 내지 못하는 은행나무 가로수의 잎도 그러하려니와 마음을 슬프게 하는 것이 한두 가지가 아니다.

며칠 전 관내 동사무소에 인감증명을 발급받을 일이 있어 갔을 때 사무실 앞 화단을 나름대로 직원들이 애써 가꿔 놓았길래 기다리는 시간도 있고 해서 유심히 살펴보았다.

여러 가지 나무며 꽃들 사이로 누구의 정성으로 심어놓았는지 흰 들국화 몇 송이가 피어 있었다. 도심 한복판에서 산야에만 자생하는 야생화를 본다는 게 신기하기도 하고 반갑기도 해서 정신없이 보고 있는데, 유치원 가방을 멘 사내아이가 내 앞을 지나치나 싶더니 어느새 꽃송이를 뚝 따버렸다. 뜨거운 그 무엇이 눈앞을 지나간 것처럼 깜짝 놀라 아이를 잡았으나 이미 꽃은 아이 손에 잡혀 있었고, 놀라는 내가 이상하다는 듯 아이는 나를 경계의 눈초리로 쳐다보고 있었다.

"얘야, 어쩌자고 그 꽃을 따니?"

뺨이라도 한 대 올려붙이고 싶은 심정으로 나무라자,

"아저씨가 왜 그래요. 돈 주면 될 거 아니예요."

아이는 당연하다는 듯 막힘없이 대들었다. 어이가 없어 나는 아이의 손을 놓고 현기증을 느끼며 뒤로 물러섰다.

누가 이 아이를 이렇게 키웠는가?

이 사회가 저 아이의 눈에 한 푼 돈으로밖에 계산되지 않아야 하는 이유가 무엇일까? 이제는 모두 훌쩍 커버렸지만, 우리 집 세 아이들도 이 어린이처럼 꽃을 꺾고 돈으로 해결하려는 잠재의식은 없는지…….

가문보다 가훈이 앞서야 한다는 생각으로 며칠을 서예원에 다니면서 배운 글 솜씨로 써서 걸어놓은 '화목(和睦)'이란 글귀가 새삼 떠오른다.

가정이 사회의 기틀이라 하는데 도덕성과 인간성의 부재에서 키우는 아이들의 장래가 어떻게 될까?

이 가을에 늦게나마 우리 가정이 선정한 가훈은 우리 가족은 물론 장차 우리의 후손에게도 올바른 마음가짐과 생활의 규범을 깨우치는 좋은 스승으로서의 역할을 하리라 믿는다.

옛날 중국 제나라의 관중(管仲)이란 사람이 싸움터에 나갔다가 길을 잃어 산 속을 헤매었으나 길을 찾지 못해 고생하다가 데리고 있던 늙은 말을 풀어놓았더니 이 영리한 말이 길을 찾아 관중을 인도하여 마침내 목숨을 구했다 한다. 자기가 모르는 일에 대하여는 늙고 하찮은 한 필의 말로서도 스승 삼기에 주저하지 않았다는 이야기를 이 가을에 생각하면서 목적지 없이 떠나는 여행에서 내 인생에 좋은 스승을 만날 수도 있으리라고 기대해 본다.

세 사람이 길을 가면 그 가운데 반드시 내 스승될 만한 이가 있다는 말도 있지만 그 스승이 사람일 수도 있고, 늙은 말일수도 있고, 또는 버려진 돌멩이, 나무 한 그루일 수도 있다. 그래서 가을의 여행은 항상 가슴하나 가득 기다림과 설렘을 안고 떠나게 되는 것이다.

휴일도 아닌 주중의 한가한 시외버스를 탔으나 가을이 진하게 깔린 창밖을 내다보니 온통 더러운 먼지의 하늘과 땅이었다. 버스 창문을 얼마나 오랫동안 닦지 않았는지 달라붙은 먼지로 인해 진눈깨비가 내리는 것 같고, 도로 옆으로 잘 가꿔진 수벽에도 휴지며 빈 깡통 등이 뒹굴고 있어 모처럼 나온 설렘은 어디로 가고 짜증이 차츰 분노로 바뀌어졌다.

그러나 건너 보이는 철길에는 기분 좋게 달리는 기차가 보이고, 둑에는 갈대꽃이 바람에 흔들리는 모습은 역시 가을만이 느낄 수 있는 계절의 멋으로 집을 떠나오길 잘했다는 생각에 어둡던 마음이 사라지는 것 같다.

잎 떨어진 가지마다 붉은 감이 지천으로 달려 있고, 저녁연기가 피어오르는 부엌마다 가을의 풍요가 익어가고, 긴 겨울밤을 시작하는 어머니의 물레에서는 타래에 감기는 실처럼 옛이야기가 끊이지 않는 고향의 가을.

이제는 어머니의 손을 떠나 고향집 뒷처마에 매달린 쓸모없는 물레처럼 세월이 갈라놓은 퇴색한 정이며, 보이지 않는 그리움을 찾아나서는 발걸음은 가을 하늘처럼 높고 맑지만은 않아도 머리로 생각하고 눈으로는 변화하는 풍광을 살피며 가슴으로 느끼는 나의 가을은 세월이 흘러가도 변치 않고 늙어도 늙지 않은 나를 포근하게 안아줄 것이다.

숨겨진 보물 북지장사

신라 소지왕 7년(서기 485년). 대구 동촌에 살고 있던 류정선(柳正善) 공은 아버지의 죽음을 맞이하였다. 평소 부유하고 덕이 많은 가정에서 충효(忠孝)를 근본으로 잘 자란 류공은 효행이 뛰어나고 이웃 간에도 존경을 받고 있었다. 그는 아버지의 상(喪)을 당하여 평소 유명하다는 지관을 통하여 미리 준비해 놓은 팔공산 자락 노족봉(老足峰) 밑에 묫자리를 장만하였다.

인부들이 땅을 파헤치니 괴이하게도 광중(시신을 넣을 자리) 자리에 흡사 사람모양으로 생긴 돌이 하나 나오는 지라 이를 이상하게 여긴 류공과 인부들이 잠시 작업을 멈춘 사이 비몽사몽간에 류공만 보이게 하얀 옷을 입은 여인이 나타났는데 그 여인은 머리를 삭발한 승려의 모습이었다.

"나는 지장보살이오. 여기는 사사로이 시신을 묻을 묘처가 아니니 이 자리에는 절을 지어 많은 중생을 제도하고 참된 효자가 되도록 하시오." 하고는 곧 사라졌다.

그때 인근 팔공산 인봉에서 고행 수도를 하던 극달선사(極達禪師)에게도 지장보살이 나타나 똑같은 이야기를 하고 갔으므로 선사는 류공을 만나 '매장이 아닌 화장을 하면 두 번 죽음을 한다.'는 상주를 설득하여 결국 그 자리에 절을 지으니 여기가 곧 지금의 북지장사 대웅전 자리라고 전해온다.

그 후 류정선 공도 부친을 화장하여 장례 지낸 후 머리를 깎고 불교에 귀의하였다고 한다.

극달선사는 북지장사를 세우고 8년 뒤에 동화사를 창건했으니 북지장사의 연륜을 짐작할 만하다.

유정선의 부친을 장사지내려 할 때 묘터에서 나온 돌을 깎아 만든 불상이 지금 북지장사 대웅전에 안치된 대구시 유형문화재 제15호로 지정되어 있는 석조지장보살좌상이라고 전해온다.

이처럼 창건 설화부터 특이하고, 또 팔공산 자락에 있는 여러 사찰 중에서 유일한 지장사라는 명칭을 가진 북지장사는 오랜 창건 연대에 어울리지 않은 만큼 겨우 명맥만 유지해오고 있다.

대구 인근 특히, 동화사 가는 길과 갓바위를 오르는 등산로에 인접해 있으면서도 그 이름이나 사찰의 존재를 아는 사람이 많지 않을 만큼 숨어있는 절이다.

그러다 보니 때 묻지 않은 순수함과 고즈넉한 아름다운 주변 경관이 어우러져서 정말 보물 같은 존재라 하겠다.

팔공산 노족봉 남쪽 기슭에 절이 위치하고, 인근에 인봉, 문필봉, 두지봉 그리고 갓바위 부처가 있는 관봉까지 북지장사를 품고 있어 아름다운 전경은 직접 찾아보지 않으면 느낄 수 없을 뿐 아니라, 절 마당에 서면 멀리 대구시가지 일부와 앞산까지 보인다.

북지장사의 연혁을 보면 서기 485년 극달선사가 창건하고 고려 명종 22년(서기 1192년)에 보조국사 지눌이 중건하였으며 그 후 조선 16대 인조 1년(1623년)과 현종 6년(1665년)에도 중건하였다는 명문이 새겨진 막새기와가 발견되었다.

경상도읍지에 의하면 북지장사는 청련암과 도명암이라는 산내 암자까지 거느린 상당한 규모의 사찰로 나타날 때도 있었으나 지금은 그간의 사적도 모두 잃어버린 채 보물 805호로 지정된 자그마한 대웅전과 산령각, 근래에 지은 금륜보각 그리고 금시라도 허물어질 것 같은 용호각, 가건물로 지은 요사체와 공양간 등이 전부이고 금당인 대웅전이 화재로 소실된 허허로운 터전에 대구시 유형문화재 제6호인 동·서 3층 석탑이 외로이 서 있다. 그러함에도 불구하고 북지장사를 숨어 있는 보물이라 할 수 있음은 석조지장보살좌상과 지금은 국립중앙박물관에 옮겨진 지장탱화가 그 빛을 발하고 있고

1,500여년을 이어온 산사의 맥이 사람들의 발길을 모으고 있기 때문이다.

보통 일반 사찰에는 지장전, 명부전, 시왕전 또는 극락전 등의 이름으로 지장보살을 모시는 당우가 따로 있는 곳이 있으나 사명(寺名)이 지장사로 된 곳은 그리 많지 않다.

지장보살이 관장하며 저승세계의 법정이라 할 수 있는 사후세계에 대한 사람들의 두려움과 알 수 없는 내세의 신비에 대한 기대로 많은 사람들이 지장보살을 가까이 찾고자 한다.

지장보살은 모든 보살 중에 중생을 향한 자비원력(慈悲願力)이 월등히 뛰어나서 석가모니불이 열반한 후에 미륵불이 나오기까지 긴 세월을 지옥문 앞에서 죄를 짓고 고통 받는 중생들을 구하기 위해 성불의 기회도 포기한 채 눈물 흘리고 있다. 지장은 땅 속에 숨겨지고 감춰진 것을 뜻하며, 땅은 모든 것을 포용하며 새로운 생명을 탄생케 하는 영원무궁한 모체라는 의미를 가지고 있어 어려운 종교적 교리를 떠나 사람들에게 친근감을 주고 있다.

북지장사 대웅전 기둥에 걸린 주련의 일부를 읽어보면 지장보살을 쉽게 이해할 수 있다.

造惡人多 修善少 (악을 저지르는 사람은 많고 선을 닦는 사람은 적으니)

地獄門前淚不收 (지옥문 앞에서 눈물을 거둘 수가 없구나)

대웅전 수미단 왼쪽 끝에 있는 석조지장보살좌상은 무덤터에서 나온 석재로 조각한 것인데 절의 흥망성쇠와 함께 오랜 기간 동안 사라졌다가 현 대웅전 뒤편 땅속에서 솟아올랐다고 한다.

어느 생각 없는 스님이 호분과 금박을 입혔다가 문화재관리 전문기관으로부터 질책을 받고, 현 도봉(道峰) 주지스님이 직접 바늘 끝으로 한뜸한뜸 석 달에 걸쳐 채색을 벗겨내고 본래의 화강석으로 모습을 드러내어 현재까지 안치되어 있다.

북지장사는 삼국유사(권제3)에 의하면 금세기 이전까지 상당한 규모의 사찰이었고 나라에서 입전(入田)된 토지가 무려 200결에 달할 만큼 조정의 관심도 지대하였다 한다.

세월이 흘러 그 많던 사찰토지는 거의 없어지고 현재의 도봉 주지가 동분서주 뛰어다닌 노력으로 부처님 공양에 어려움이 없을 만큼의 토지는 경작하고 있다.

여느 사찰과는 달리 북지장사에 들어가면 경내 여기저기에 지개며 리어카, 삽, 괭이 등 농기구가 있고 철철이 재배한 배추며 채소를 절을 찾는 사람들에게 나누어 주는 인정도 맛볼 수 있다.

찾아가는 길은 동구 백안동 삼거리에서 갓바위 가는 길을 버리고 동화사 쪽으로 1.3㎞ 정도 가면 북지장사 표지판이 보이는데 그 곳에서 우회전하면 된다. '돌, 그리고…'라는 여운

이 남는 이름의 자연석 더미를 지나면 준공을 앞두고 있는 유기박물관까지는 2차선 도로가 개설되어 있으나 그곳을 지나면서부터 길이 좁아져서 울창한 소나무 사잇길로 시멘트 포장이 되어 겨우 승용차 1대가 지나갈 수 있는 길이 시작된다. 나무 숲길을 통과하고 계곡 물소리를 들으며 2.5㎞쯤 가면 절이 나온다.

대구 인근에 흔하지 않는 소나무 숲길하며 시원한 계곡이 절 입구까지 이어져 있어 30분쯤 걸어가는 것이 그리도 정겨울 수가 없다.

지장교와 안양교라는 작은 두 개의 다리를 건너면 벌써 마음은 속세를 떠나 은은히 들리는 독경소리에 동화된다.

절간 앞에는 제법 넓은 주차장이 있고 주차장 주변에도 느티나무를 비롯하여 갖은 나무들이 두꺼운 그늘을 만들어주고, 그 그늘 밑에는 편히 쉴 수 있는 평상이 놓여 있어 편안한 절간의 정취를 온몸으로 느낄 수 있다.

절 왼쪽으로는 동화천 지류가 마르지 않고 흐르며 갓바위로 오르는 등산길도 운치 있게 나 있어 여름 등산에도 안성맞춤이다.

한 여름의 피서는 물론 산이 좋아 찾아오는 사람들에게도 북지장사는 지장보살의 미소로 반가이 맞이한다.

하나

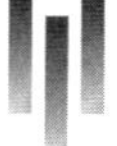

대구에서도 복잡하기로 소문이 난 D네거리에서 아침마다 교통질서 캠페인을 벌이다 보면 명랑하고 밝아야 할 출근길이 짜증과 욕설로 범벅이 되는 것을 예사로 볼 수 있다.

진행신호가 떨어져도 길을 막고 서 있는 건너편 신호대기 차량들 때문에 질서 있게 움직이던 차량행렬은 일시에 멈춰 서고 순간에 혼란이 야기되는 상황이 자주 일어난다.

하루가 다르게 증가하는 차량 대수와 신호조정 시간이 맞지 않기 때문이다.

그 와중에 차량들 사이로 안전헬멧도 쓰지 않은 오토바이들이 미꾸라지처럼 빠져 나갈 때마다 아찔한 가슴을 여러 차례 쓰다듬어야 했다.

"한 사람이 지킨 질서, 백 사람이 웃고 간다." 이러한 홍보 어깨띠를 매고 매일 아침 질서계도에 참여 하건만 늘어나는 차량, 제자리걸음하는 도로 및 교통시설, 거기다가 무질서한 행인들의 보행위반 사례까지 겹쳐 아직도 교통문화의 정착은 요원한 것만 같아 캠페인을 마치고 돌아서는 발걸음이 가볍지를 못하다.

내가 확실성도 없는, 남이 보면 웃을 일이기도 하고 또 차량을 운전하는 많은 기사들이나 무엇이 그리 바쁜지 신호가 바뀌지도 않은 횡단보도를 들어서는 보행자나 목숨을 건 무단횡단을 서슴지 않는 사람들에게는 소귀에 경 읽기와 같겠지만 내가 이 일을 계속하는 것은 지난 어느 날 당했던 부끄러운 한 번의 추억 때문이다.

새마을 운동의 열기가 뜨겁고 사회정화위원회가 발족하여 이 사회의 모순과 부조리를 일거에 바로 잡으려는 기운이 넘치던 그때 어느 토요일 오후.

나는 R호텔 커피숍에서 기다리던 여인과의 만남을 위해 바쁘게 걸어가고 있었다. 저만치 육교가 있었건만, 약속시간이 20분이나 지났는데도 나를 기다리고 있는 그 여인을 생각하고 바쁜 마음에 무단횡단을 했고, 요란한 호루라기 소리와 함께 나를 부르는 손짓이 있었다.

네거리 도로 한복판에는 권투시합장의 사각 링처럼 새끼줄을 쳐놓고 그 안에는 이미 몇 명의 보행 위반자가 어색하게 서 있었다.

오늘은 큰 맘 먹고 마음의 고백을 작정했고, 그래서 무리를 하여 깨끗한 넥타이까지 매고 갔던 내 모습이 그 새끼줄 안에서 왜 그렇게도 초라하고 부끄러워 보였던가.

1시간 후의 R호텔 커피숍은 황량한 들판처럼 허망했고, 그 후로 그 여인은 다시 만나지 못하였다.

그 한 번의 부끄러운 실수. 잊혀지지 않는 부끄러운 추억은 지금까지도 생생하게 딱 "한번"으로 남아있다.

하나뿐인 목숨을 하나로 생각하지 못하고 있는 많은 교통질서 위반자들을 볼 때마다 그 때는 새끼줄을 친 반성의 자리이지만 이제는 하나뿐인 생명을 바쳐야한다는 무서움을 느낀다.

나는 그 잊혀지지 않는 "한 번의 부끄러운 추억"을 늘 되새기며 내 몸가짐을 새로이 할 뿐 아니라 교통질서의 정착과 교통문화의 발전을 위하여 한길로 꾸준히 걸어갈 것이다.

단편소설

문패

수입(手入)

해갈(解渴)

문패

야간반 근무교대 사이렌이 울린 지 10분쯤 후에 민자(民子)는 P방직공장 정문을 나서고 있었다.

밤늦은 공장 앞길은 어제부터 내린 비로 질척거리는 게 말이 아니었다. 눈이 내리는 것보다는 비가 오는 게 계절에 어울리는 것 같기도 했지만 운동화를 납작하게 신은 민자에게는 이만저만한 고역이 아니었다.

하이힐을 벗은 지는 옛날이다. 아직 스물에서 나이를 헤아리는 그녀는 어딜 보아도 처녀만 같았다. 사실 평소에도 공장문을 들어서는 순간부터 곧잘 자기 자신이 처녀이거니 생각하게 된다. 그렇기 때문에 악의 없는 기사들의 진한 농도 곧잘 받아 넘기는 그녀였다. 하지만 지금 빗물과 진흙탕에 곶감처럼 납작해진 운동화를 끌고 빈민들이 모여 사는 N동 골목을 올라가는 민자의 마음은 무겁기만 했다.

"난 또 왜 이 길을 찾아드는 걸까?"

문들 그녀는 쉐타 속에서 무겁게 의식되는 젖가슴을 두 손으로 비볐다. 젖이 퉁퉁 부어오르면서 아기 생각이 났다. 산후 겨우 4개월 그동안 산모 행세도 못했다. 못하고 싶어서가 아니라 그녀는 어머니이고 싶지를 않았다. 모든 게 귀찮기만 했던 것이다.

"이년아, 그래 네가 날 버리고 가. 가겠단 말이지? 흥 한번 해봐라. 해 보란 말이야."

아침마다 그녀가 출근할 때면 구들장을 지고 있던 기욱(基旭)이 남편이랍시고 악을 쓰며 한바탕 소동을 벌이는 일이 오늘 아침이라고 다를 바가 없었다.

"뭘 그래요. 누가 당신을 버린답니까? 저라도 안 나가면 뭘 먹고 살아요. 뭘 먹느냐 말예요. 더구나 이렇게 애까지 있는데……."

"큰 소릴 하는구나. 그 병아리 오줌만큼 벌어오는 게 뭐 그리 대단하다고. 도대체 그건 어느 놈이 쥐어 주는 거야 응? 바로 말해."

"뭐라고요? 여보 그걸 말이라고 해요. 아이 분해. 으 흐흐."

껴안고 있던 아기를 내동댕이치듯 내려놓자 금방 덤벼들 것 같던 기욱이 슬그머니 풀이 죽은 채 등을 보이고 돌아앉아 담배꽁초를 뒤적여 입에 물었다.

민자는 그런 기욱을 두고 쪽마루로 나섰다. 부엌이라야 마루 한쪽을 들어 올리고 만든 연탄아궁이 하나지만 다시 탄불을 확인해보고 대문을 나서며 주인 할머니에게 연탄불 좀 봐 달라고 부탁을 잊지 않았다.

"에구 쯧쯧. 또 나가시는구려. 산후조리를 제대로 안 해 건강도 좋지 않은데 저렇게 고생을 하니-. 그러게 여자는 바깥 쥔을 잘 만나야 한다니까."

"또 그런 말씀을……."

"미안해요 아낙. 늙은 게 주책이 없어서. 그래 쥔 양반은 아직 취직이 안 됐소?"

"네, 그렇지만 이제 곧 되겠지요."

"어서 다녀오우. 불은 내가 봐 줄게. 참 애기 젖은 먹여야 할 텐데-."

할머니 입에서 또 무슨 말이 나올까 싶어 민자는 얼른 집을 나섰다.

그게 오늘 아침의 일이었다. 정말 민자는 집이 싫었다. 깡통을 펴서 다닥다닥 지붕을 이은 것도 우선 보기가 싫었지만 일 년 가야 햇빛 한번 안 드는 방을 지키고 앉았을 기욱이 더욱 보기 싫었다.

기욱은 너무 오랫동안 이 방을 지키고 있었다. 남만 못한 인물도 아니었다.

학교 다닐 때 민자는 숱한 학생들의 선망의 대상이 되기도 했고 어설픈 러브레터도 안 받는 날이 없을 정도로 얼굴도 반반 했었다. 그런 자기가 선택한 남자가 기욱이었다.

그가 대학을 중퇴한 것이 자기 탓이라고 생각하는 민자는 그래서 학사가 못된 기욱을 조금도 달리 생각해본 적이 없었다.

결혼 3년에 너무 빨리 이런 권태가 몸도 마음도 가정에도, 그리고 기욱과의 모든 것에서 생겨나리라곤 생각 밖이었다. 결혼을 했다지만 정식결혼이라고는 할 수 없었다.

기욱이 학교에 가는 시간보다 갓 여학교를 나온 민자와 만나는 시간이 많은 것을 늦게야 안 기욱의 완고한 부모님에겐 도저히 용납될 수 없는 일이었다.

"기욱이만은 안 돼. 그 놈은 꼭 이 애비가 짝을 지어 줘야 한다니까."

기욱의 아버지 성노인의 고집은 만만치 않았다. 그런 아버지의 고집을 이기지 못한 기욱은 그대로 민자와 집을 나섰다. 그러나 별다른 생활방도가 있는 것도 아니었다.

그냥 학생들이 자취하듯 조그만 방 한 칸을 얻어 든 것이 지금의 N동 생활이었다. 그래도 기욱은 행복하기만 했다. 민자도 지금의 위치를 자신의 행복을 찾는 길의 최선으로 생각하고 기욱의 착실한 아내가 되어보자고 노력했다.

"이놈아, 넌 이제 내 자식이 아니다. 다시는 들어오지 마라. 에이 불효한 녀석 같으니……."

성노인의 이 분노는 결국 풀리지도 못한 채 중풍으로 시름

시름 하다가 눈을 감고 말았다.

아버지 장례식에서 기욱은 형을 생각했다. 그때 형은 시골 면서기로 다니고 있었다. 그러면서 무슨 술집 여자였다는 뒷 풍문이 도는, 신분이 개운치 못한 여자를 데리고 와서 결혼을 하겠다고 아버지를 졸랐다.

늘그막에 맞는 며느리라 반갑기는 성노인이 더 했지만 역시 신분이 확실하지 않다는 게 성노인의 마음을 무겁게 눌렀지만 형은 그래도 그 여자와 결혼을 했다.

한 이년 동안 그냥 그냥 지냈다. 그러나 형의 결혼이 결코 행복하지는 못했다. 형수의 성질이 점점 사나워지기 시작했다. 그러자 형은 집에 들어오는 발길이 뜸해지면서 다시 술집을 찾아들기 시작했다.

술집에서 형수는 형의 멱살을 잡고 아웅다웅 싸웠다. 아버지의 병환은 그때부터 속으로 스며들기 시작했다.

그러다가 결국 형은 사표를 내고 집을 나가고 말았다. 형이 그런 실망을 안겨주고 떠난 아버지에게 기욱도 역시 같은 형제일 수밖에 없었다.

"여보, 이제 오세요."

"으응-."

"저녁 차릴까요?"

"괜찮아, 먹었어."

기욱에게서 술 냄새가 풍기기 시작했다. 본래 술을 먹을 수 있는 체질이 되지 못하는 기욱이었다.

"술을 자셨군요."

"먹었지. 그래서 어쩌란 말이야."

"어쩌긴, 내가 뭐랬어요. 아이도 곧 낳게 될 텐데- 또 주인 할머니가 연탄을 빌려 주셨어요."

"아, 정말 못살겠다. 이놈의 세상. 당신 미안하오. 애당초 나에게 오는 게 아닌데-."

"……."

민자는 아무 말도 않고 해어진 옷가지로 기저귀감을 마련하고 있었다.

기욱이 잠든 뒤 바느질감을 밀어놓고 민자는 그냥 멍청하게 벽만 쳐다보고 있었다. 민자는 아버지를 모른다. 그러나 어머니는 알고 있었다. 얼굴도 대충 기억이 났다. 새아버지가 생긴 뒤에도 몇 해를 있다가 어머니가 약을 먹고 죽었다.

왜 죽었는지 잘은 모르지만 새아버지 때문일 거라고 민자는 어렴풋이 생각하고 있었다. 어머니가 있을 때는 그렇게 엄하던 아버지도 어머니가 죽고 난 뒤부터는 한결 따스하게 대해 주었다.

여학교까지 나올 수 있었던 게 어머니의 죽음이 남긴 대가였는지 모른다고 민자는 늘 생각하고 있었다.

"난 그런 어머니의 딸이지만 기욱 씨는 정말 내가 붙잡아 둘 사람이 아닌지도 모른다."

민자, 자기만 아니었던들 기욱은 아버지 대신, 형님을 대신해서 훌륭한 가장이 될 텐데-. 몇 번을 권유해도 막무가내다. 그런 기욱이와의 생활이 어느덧 삼 년을 기록했다.

그리고 지난겨울. 불기도 넉넉잖은 방안에서 산파도 없이 민자는 초산의 아픔을 혼자 겪어야 했다.

방 네귀퉁이를 헤매며 아픔을 참느라고 땀을 흘리면서도 그녀는 계속 기욱을 불렀다.

"여보, 음! 아이 여보."

민자의 신음을 듣고 주인집 할머니가 달려왔을 때 민자는 제법 큼직한 사내아이를 낳았다.

그날도 기욱은 D공원을 헤매고 있었다. 가볼 곳도 아는 사람도 없었다.

지게를 계속 져야할 만큼 기욱에게는 생활의 애착도 희미해지기 시작했다.

"자, 돈 놓고 돈 먹기야. 백 원을 놓으면 삼백 원. 천원을 놓으면 삼천 원. 이런 돈 벌이를 그냥 지나가는 사람은 살림에 눈 어두운 사람이요. 자, 아무나 오시오."

기욱은 주머니에 손을 찔러 보았다. 백 원짜리 두 개가 남아있었다.

"에라, 이걸 가지고……."

"아저씨, 자 요걸 잡으시오. 빨간 딱지만 잡으면 팔자 고치는 겁니다."

기욱의 속을 들여다보는 것처럼 야바위꾼 한 사람이 기욱이 앞에서 화투장 넉 장을 이쪽저쪽 손아래를 바꾸기 시작했다.

기욱은 이백 원을 몽당 잃었다. 그에게는 쌀이 몇 되는 되는 큰돈이었다.

야바위꾼은 화투장을 나누던 손으로 이백 원을 염색 작업복 주머니에 얼른 쑤셔 넣었다. 순간 기욱은 자기 돈, 그 알토란 같은 이백 원을 그냥 빼앗긴 듯한 아찔한 현기증을 느꼈다.

눈앞에서 왔다 갔다 하는 넉 장의 화투장마다 전부 빨간 딱지가 그려진 것 같았다. 그 중에서 하나를 집었다. 허탕이었다.

"안 됐군요. 아저씨, 요걸 잡으셔야지."

기욱은 자리에서 일어섰다.

눈물이 핑 도는 것 같았다. D공원에서 N동까지 기욱은 주머니 손을 찔러 넣은 채 걸었다. 길 양 쪽으로 불이 들어온 간판이 제법 찬란했다.

××산부인과, ○병원, △△조산원, 문득 민자 생각이 났다. 오늘 아침에는 공장에도 안 나가는 걸 보고 집을 나섰는데 혹시나? 시장을 보고 돌아가는 아주머니들의 분주한 발걸음에 섞여 기욱도 그냥 시장 복판을 걸어 보았다.

모두 장난 같은 이야기들이 들끓고 있는 시장은 그래도 살아있는 것 같았다. 민자는 정신없이 누워 있었다. 주인 할머니가 끓여 주었는지 희멀건 죽그릇이 숟가락이 담긴 채 윗목에 놓여 있었다.

"여보, 이제 오세요."

"응."

"이게, 이게 당신의 아기예요."

기욱은 멍하니 서 있었다.

저게 내 아이다. 내 핏줄이 갈라져서 또 다른 생명으로 창조되었다는 게 도무지 거짓말 같았다.

기욱은 아이를 안은 채 방 구석에 처박아둔 이부자리에 기대어 잠이 들어 있었다. 아이도 울다 지쳤는지 역시 그 꼴로 잠이 들었는지 기욱의 가슴에 얼굴을 박은 채 조용했다.

탄불을 살펴보고 민자는 마루에 올라서서 걸레로 대강 발을 문지른 뒤 방안에 들어섰다.

밤늦도록 작업에 시달린 피곤보다 더한 권태가 가물가물 눈앞을 어지럽히고 있었다.

아이를 빼앗아 안고 젖을 물렸다. 기욱은 아무 도리도 없이 그냥 멍하니 민자를 쳐다보았다. 술이 깰 때의 그것처럼 그는 갈증을 느껴 슬그머니 일어나서 부엌문을 열고 냉수 한 그릇을 단숨에 마셨다.

"집이 있어야겠어. 내 손으로 지어야지."

하고 기욱이 혼잣말로 중얼거렸다. 민자는 자신이 정신 나간 사람처럼 기욱을 멀거니 건너다보았다.

"집이 있어야겠어. 밥이 문제가 아니야. 내겐 집이 있어야

돼."

"집이요?"

"그래, 버젓이 내 문패를 달아놓고 살아갈 수 있는 내 집 말이야."

"그럼, 당신 고향으로 돌아가요. 가기만 하면 당신 이름쯤 얼마든지 버젓하게 달 수 있는 집이 있잖아요."

"쓸데없는 소리 말어. 난 나야. 나 혼자 뿐이란 말이야."

기욱은 벌컥 화를 냈다. 민자는 그런 기욱이 고맙기도 하고 불쌍하기도 했다.

"집 보다 우선 당신 취직이나 해요. 내가 공장에 간다는 게 힘들어서가 아니라 이 아이를 위해서도 난 집에 있어야 해요."

"조금만 기다려요. 당신이 공장에 가서 고생하는 만큼 나도 고생스럽다오. 이 녀석이 울어재킬 때는 나도 같이 울고만 싶던 걸-."

"그러니까 지금 우리 생활에 무슨 변화가 있어야겠어요. 이 뒤바뀐 생활이 언제까지 계속되어야 하는지."

"역시 남자의 가장 큰 직업은 남편이란 걸 나는 다시 한 번 절실히 깨달았소. 하지만 지금의 나는 뭐요? 아내도 남편도 못되는 이 위치에서, 그러나 나는 아직 내 운명에 굴하지는 않을 거요."

"당신의 그 용기가 꺾이지 말기를 바래요."

민자가 집을 나서면 기욱은 다시 우울한 표정으로 아무 말도 없이 그녀를 배웅한다. 민자가 나갈 때는 아이를 재우고 가지만 잠이 들지 않고 칭얼거릴 때는 기욱이 안고 방안을 서성대야 한다. 엄마 젖을 마음대로 못 먹어서인지 아이 꼴이 말이 아니었다. 아이처럼 민자도 점점 초췌해지는 자신을 느꼈다.

첫 아이를 놓은 뒤에라야 여자의 참 아름다움이 생긴다는 말이 서글프게 와 닿는다.

몇 달 동안 기욱은 다시 D공원 근처를 헤매야 했다. 아내가 없을 때는 주인 할머니께 아이를 맡겼다.

"젊은 양반이 어서 취직이 돼야 할 텐데-. 아낙이 너무 고생을 하는 것을 보니…. 자 어서 갔다 오시우. 애기는 내가 봐 드리겠구만."

"예, 할머니 고맙습니다."

그리고 나가면 꼭 어디엔가 자리가 날 것도 같지만 언제나 집에 들어올 때는 축 늘어진 어깨가 더욱 무겁다.

이력서도 숱하게 썼다. 될 만한 곳에는 보증금 ×만원 하면 기욱은 그만 자라목이 되고 만다.

"보증금이라고. 우라질 내 몸뚱이의 일부를 떼어놓으면 될 것 아냐."

너절한 회사 간판이 걸린 사무실을 나설 때면 언제나 기욱은 제 몸뚱이를 조각조각 잘라 판대도 개고기 값도 안 된다는 생각을 하고 실소를 금치 못했다.

밥솥을 연탄불에서 내려놓고 아이의 우유를 데워 물린 후 문고리만 멍하니 쳐다보고 앉았으니 오늘은 유달리 아내의 귀가가 늦은 것 같았다.

'웬일일까?'

그 시간 민자는 평소에 친절히 대해주던 보일러실 김기사와 나란히 걸어오고 있었다.

"좀 늦었지만 어디 들러서 식사라도 하고 가시죠."

"아니예요. 그냥 가겠어요."

"이렇게 같이 걸을 수 있다는 것도 어려운 일일 텐데-. 자 들어갑시다."

별로 거절하고 싶은 마음도, 가고 싶은 마음도 없이 민자는 그를 따라 중국 음식점으로 들어갔다.

'그이가 기다릴 텐데-.'

그러나 이것은 단지 마음속으로 그렇게 생각해 보는 것뿐이었다. 어쩌면 오늘도 풀죽은 표정으로 방구석에 기대 누웠을지도 모른다. 아니면 술이라도 취해 있든가.

"자, 앉으시지요. 식사는 뭘로 하실까요?"

"아무 거나요."

"그럼 제가 알아서 시키겠습니다."

김기사는 종업원에게 잡탕밥 둘과 고량주 하나를 청했다.

"고단하지 않으십니까?"

"별로 그렇지는 않아요."

"바깥주인이 직업이 없다지요?"

"……."

또 무엇인가 가슴에 치미는 것을 민자는 참았다. 공연히 그런 소리만 나오면 얼굴이 찌푸려지는 자신이 언제부터 그렇게 변하고 있었는지 알 수가 없었다.

"연약한 여자의 몸으로 가정의 생계를 꾸려간다는 게 더할 수 없이 고생스러울 줄 압니다. 여자는 가정에서 가사를 돌보는 게 본업이 아니겠습니까?"

"알아요. 하지만 나 같은 여자가 어디 이 세상에 하나 둘인가요."

"그렇긴 하지요. 나도 가정에 들어가면 주부가 없는 빈 방이 마치 겨울 들판 같다니까요."

"참, 왜 재혼을 안 하셔요. 어머니가 고생을 많이 하시고, 또 김기사님도 외롭지 않으세요?"

"아직 때가 아닌 것 같습니다. 그리고 내 마음의 빈터를 채워줄 여자도 없구요."

민자는 김기사의 마주치는 눈을 피해 들어온 음식을 먼저 먹기 시작했다.

'이 사람도 뭔가 고장 난 가정의 한 부속품 같아. 그러나 나와는 아주 경우가 다른 걸-.'

김기사는 N동 어귀까지 민자를 바래다주었다.

"오늘 무척 즐거웠습니다. 기쁜 마음으로 돌아갑니다."하던 김기사의 어린애 같은 표정을 생각하며 어느 덧 민자는 방문 앞에 와 섰다. 방안은 조용했다.

방문을 여니 기욱은 보이지 않았다. 주인 할머니가 아이에게 우유를 먹이고 있었다.

"아이구, 이제 오는 군. 양반이 무척이나 기다리다가 조금 전에 또 누굴 좀 만나고 온다면서 나갔는데-. 저녁도 먹지 않고. 오늘은 더 늦었소 그려. 애기가 이젠 우유를 아주 잘 먹어요."

민자는 그냥 아랫목에 앉았다. 미지근하게 겨우 불기가 잡혔다.

"우리 그이 저녁 늦게 나갔어요?"

"그렇다우."

"어딜 간다는데요?"

"글쎄 모르지요. 갑자기 날 부르더니 아이를 맡기고 갔어요."

할머니가 나간 후 민자는 알 수 없는 피곤과 슬픔 같은 걸 의식하며 아이 옆에 옷을 입은 채 그냥 누웠다.

잠이 오질 않았다. 통금 예비 사이렌이 울린 지도 한참 되었지만 기욱은 돌아오질 않았다. 눈물이 뺨을 타고 내렸다. 통금 마지막 사이렌 소리를 들으면서 민자는 아이를 바싹 끌어안았다.

"아가야, 아빠가 왜 안 오시니 응. 엄마가 잘못했구나."

김기사를 만난 일이며 그와 저녁을 먹느라고 늦어진 일을 아이에게 그렇게라도 사과하고 싶었다.

아침에 민자는 일어나지를 않았다. 밥솥에는 어제 저녁 기욱이 해놓은 밥이 있을 것이다.

"여보세요. 이 집에 성기욱이란 사람이 있습니까?"

"그런데요, 왜 찾습니까?"

"그분 가족 되십니까? 경찰서에서 왔습니다."

"그 사람 색시가 저 방에 있는데 남자는 어제 저녁에 안 들어온 것 같았어요."

"부인을 좀 불러 주십시오."

민자는 할머니가 부르기 전에 방문을 열고 나갔다. 푸석한 차림새 그대로다. 정복을 입은 경찰관과 사복을 입은 남자가 메모지와 시민증 한 장을 들고 있었다.

"전데요. 왜 그러시지요?"

"아, 네. 다름이 아니고 저……."

"무슨 말씀인지 하세요."

"성기욱 씨가 분명 댁의 주인이죠?"

"그렇다니까요?"

민자가 조금 짜증을 냈다.

"같이 좀 가셔야겠습니다."

"그 사람이 무슨 잘못이라도 저질렀나요?"

“말씀드리기 안됐습니다만 댁의 주인이 오늘 아침 D공원에서 시체로 발견되었습니다.”

“네?! 아니 그게 정말이에요?”

“안 됐습니다만 사실입니다.”

“아니 그이가 그이가 왜-.”

민자는 쓰러지듯 할머니에게 몸을 기댔다. 눈앞에서 무수한 천둥이 요란하게 소리를 내고 있었다.

그 속에서 구원을 청하듯 기욱의 음성이 들려왔다.

“여보 흑흑….”

민자는 그냥 땅바닥에 쓰러졌다. 거짓말 같은 사실에 통곡조차 막혀버렸다.

“자, 진정하십시오. 시신이 시립병원 영안실에 안치되어 있으니 얼른 가보셔야지요.”

“이봐요 순경아저씨. 그 젊은이가 무슨 일로 죽었단 말입니까? 그게 참말입니까?”

할머니가 순경에게 매달려 캐물었다.

“예. 자세한 사인은 지금 조사 중이라 알 수 없지만 우선 알려진 것은 사망시간이 어제 저녁 12시경이고 D공원 연못 입구가 현장이었고, 돌멩이로 맞은 듯 머리에 상처를 입었는데 워낙 출혈이 심해서 생명을 잃은 것 같습니다. 진작 병원을 찾을 수 있었으면 살아날 수도 있었다는데, 유감스럽군요. 사건 당시 피해자는 술이 취해서 거의 정신을 잃었던 것이 죽음의 원인인 것 같습니다."

"누가 그랬는지 그것도 모른단 말이지요?"

"지금 여러 방법으로 수사를 하고 있으니 곧 잡힐 줄로 압니다만 추측하건데 공원을 중심한 깡패들의 소행이 아닌가 보고 있습니다."

"쯧쯧 술을 먹고 밤늦게 공원에는 왜 갔노. 아이구 불쌍해서 어쩌나. 한번 버젓이 살아보지도 못하고-."

할머니가 구성지게 울어대며 눈물을 훔치고 있었다.

민자는 순경을 따라 갔다. 도무지 뭐가 어떻게 돌아가는지 알 수가 없었다. 남자의 가장 큰 직업은 남편이라는데 나는 남편도 아내도 아니고 뭐요 하던 기욱의 절망에 찬 모습이 자꾸만 눈앞을 흐리게 막고 있었다.

시립병원까지 민자는 정신없이 걸었다. 순경의 검은 제복이 눈물 안개에 가려 잘 보이지를 않았다.

기욱의 시체 곁에는 의사 두 사람과 검찰관으로 보이는 사복을 입은 두 사람이 이제 막 검시가 끝나서 간호원이 뒷수습을 하고 있는 것을 바라보고 있었다.

기욱의 머리는 흰 붕대로 전부 감겨 있었다. 민자는 기욱의 손을 잡았다.

"여보, 당신은 결국 이렇게 가셨군요. 아무 보람도 없이, 그렇게 매일 돌아다니시던 취직의 기쁨도 보지 못하고. 당신이 지게를 지는 것을 보다 못해 공장에 다닌 내가 생각하면 당신에게 못난 아내였군요. 하지만 이 몸뚱이와 당신이 남기신 오직 하나인 아기는 악착같이 살아야겠어요. 당신이 못다 산 그 세월까지도 아기에게 물려주세요. 당신이 그렇게 원하시던 내 집 한 칸을 어떻게 해서든지 마련해서 버젓이 문패를 달아 드리겠어요."

하고 싶은 말을 하고나니 민자는 새삼 주체할 수 없도록 슬픔이 몰려왔다. 커다란 제방이 무너지면서 황톳물이 밀어닥치듯 가슴이 터지는 것 같았다.

삼 년 만에 처음으로 고향에 연락해서 기욱의 장례를 치렀다. 무덤도 마련하지 못하고 강물에 재를 뿌린 뒤 집을 옮겼다. 기욱과의 지난 삼 년간 갖가지 슬프고 괴로웠던 일들이 담긴 방을 떠나려니 말할 수 없는 감회가 어렸다.

"아가야, 자 이젠 엄마하고 살아야 한다. 어떤 일이 있어도 살아야 해. 아빠가 우릴 지켜주시는 걸."

민자는 아기에게 이름을 지어 주었다.

'그이가 무능했는지도 몰라. 남들도 다 살아가는 세상에서 왜 그이만 희생되어야 했을까? 하지만 난 그이의 삶을 욕되게 하고 싶지는 않아. 내가. 내가 살아있는 한은-.'

민자는 새로 옮긴 방에 짐을 풀어 놓고 상자에서 기욱의 옷을 정리하고 있었다.

"아니 이건?"

민자는 정말 의외의 물건을 기욱의 옷 속에서 꺼내 놓았다.

까만 바탕에 자개로 하얗게 글자를 새긴 「成基旭」이란 이름. 고급 문패였다. 주소가 박히지 않은 채 이름 석 자가 아름답게 조화된 문패. 어느새 만들어 놓은 걸까? 민자도 처음으로 그걸 본 것이다.

민자는 문패를 가슴에 끌어안았다.

대학생이었던 기욱을 처음 만났을 때의 그 황홀하던 감격이 되살아 자꾸만 문패를 어루만졌다.

반짝반짝 빛나는 문패 위에 눈물방울이 뚝뚝 떨어졌다.

수입(手入)

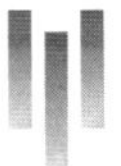

오늘 새벽 0시를 기하여 전임부대와 합동근무를 끝내고 동해안 전선에서 가장 중요한 요새로 알려진 ○○고지를 ××사단 ×연대 수색중대가 단독으로 경계를 맡게 되었다.

그러나 중대는 전투경험이 전혀 없는 사병이 거의 전부였고, 하사관 중에서도 두어 달 정도의 전투 유경험자가 있긴 했지만 그들은 이미 늙었고, 제대 후에 먹고 살 걱정에 부대일 같은 것은 뒷전인 처지였다.

몇 년간을 교육사단으로 후방에서 훈련만 해오던 ××사단은 막상 최전방으로 임무교대를 하고보니 부대 전체가 어리둥절할 따름이었다.

짧은 합동근무 기간 중 어느 정도 지형지물을 익혔다고는 하지만 역시 빤히 건너다보이는 맞은 편 적의 진지에서 들려오는 스피커 소리는 적지 않게 기분 나쁘고도 음산한 것이었다.

아군 진지와 적군 진지 사이에는 계류가 흐르고, 잡초가 우거진 강 이쪽엔 드문드문 말뚝이 박혀 있어 그 위에 녹슨 철조망이 걸려져 있었다. 그게 남방 한계선이었다.

월경자를 막기 위해 잡초를 베는 작업을 하긴 했으나 아직 태고적의 풍경처럼 수풀이 우거져 있다. 적어도 6.25의 총성이 그친 그날 이후는 그냥 멋대로 펼쳐진 자연 그대로의 모습이었다.

까치초소는 달이라도 밝은 밤이면 기분 나쁘게 번쩍거리는 강물에 저절로 오싹 소름이 끼치는 그런 고지 8부 능선쯤에 자리 잡고 있었다.

소대장은 ROTC 출신인 백 소위. 아직 나이가 스물넷밖에 안 되는 앳된 청년이지만 다이아몬드 계급장 탓인지 애써 점잖고 과묵해 보이려고 하는 얼굴이었다.

평소 책임감이 강한 그의 성격이 중대장 강 대위의 눈에 들어 가장 험하고 중요한 이 까치초소장으로 임명된 것이다.

"어때, 백 소위 잘 할 수 있겠지?"

"예."

긴 대답도 없이 굳게 입을 다무는 백 소위의 표정을 지켜보는 강 대위는 기특하다는 생각도 들었다.

'저만한 사람이면 무난할 거다. 그러나 초소원과 얼마만큼 인화를 유지하려는지 그게 의문이긴 하지만 잘 해나가겠지.'

"좋다. 이미 지형으로 봐서도 알겠지만 이 까치고지는 가장 중요하고 또 위험한 곳이다. 전임부대가 낸 통계에 의하면 가장 사고가 많았던 즉 월경자가 빈번한 곳이 바로 까치초소 구역 안이라고 알려졌다. 백 소위의 침착한 성격에 실수는 없으리라 본다마는 특히 초소원간의 단결이 가장 중요하다. 모두 친형제처럼 잘 지내야 한다. 알았나!"

"예, 어김없이 이행하겠습니다."

"그럼 선임하사관은 백 소위가 골라서 한 사람 데리고 가도록……."

백 소위는 남 중사를 뽑아서 중대장의 허락을 받았다.

남 중사는 올해 갓 서른, 부인과 딸아이가 하나 있지만 일단 부대에 들어오면 가족 얘기 같은 것은 한마디도 없는 전형적인 군인으로 입대 초부터 군율 속에서만 살아온 하사관이었다. 조금 침착성이 모자라서 욱하면 사병들에게 매질도 곧잘 하지만 그 순간만 지나면 금방 사과를 하고 술이라도 받아와 위로를 해주는 그런 성격이 백 소위의 마음에 들었다.

"남 중사, 같이 가서 고생 좀 합시다."

"예, 영광입니다. 그것 참 후방에서 교육만 받고 있자니 영 좀이 쑤셔 못 견디겠더니, 이젠 잘하면 부자도 될 수 있고."

"응, 부자라니?"

"아하! 이상하게 생각하시는 군요. 거 있지 않습니까! 20만 원짜리."

“더더욱 모를 소린데……?”

“소대장님은 방첩교육 다시 받아야겠습니다. 이거 말입니다.”

남 중사는 손으로 눈을 가리고 살살 기는 흉내를 낸다.

“핫 핫, 난 또 뭐라고. 간첩 얘기가 아닌가.”

“예, 맞았습니다.”

“벌써 꿈이 그렇게 큰 걸 보면 간첩사냥은 틀렸군.”

“천만에요. 두고 보십시오. 한 놈이면 20만원, 두 놈이면 40만원, 세 놈이면 60만원, 60만원이면 어휴 큰돈인데-, 문제없지 세 놈쯤은……. 소대장님, 언제 초소로 배치됩니까?”

“내일 0시까지 전임부대가 떠나니 늦어도 오늘 저녁까지는 전 병력과 장비 등의 T.O를 완전히 채워서 들어가야지.”

“예, 알겠습니다.”

“인원 선정은 다 됐지요?”

“거의 되었습니다. 이게 명단입니다.”

“봅시다, 이거 고참병이 너무 많지 않소?”

“경험 있는 고참이라야 경계업무를 잘 해나갈 것 같아서…….”

“아니요, 경험 없기야 매일반이 아니요, 기성부대에서 교육이 있긴 했지만 모든 면에서 해이한 점이 많아요. 오히려 훈련소를 갓 나온 신병을 반쯤 넣으시오. 제 규정을 잘 지킬 것으로 믿는데……. 어떻소? 그리고 신병 고참을 적당히 섞음으로써 제대로 인한 병력손실이 있다 해도 경계업무에 별지장이 없을 것 같은데요."

"예, 그럴 것 같습니다. 그럼 다시 한 번 조정해 보지요."

"될 수 있는 대로 빨리 하시오. 그리고 지급된 M-1 중에서도 성능이 확실치 않은 것은 교체하시오. 까치초소의 장비에 대해서는 우선권을 부여받았으니 안심하시고……."

"알았습니다."

남 중사가 경례를 하고 돌아갔다.

중대 CP에도 잠시 고요한 정적이 깃들었다. 모두 자기 분야로 돌아가고 몇 명의 병사가 담배를 피우고 있었고, 행정실에는 서무계 김 상병이 부대원 명부를 뒤적거리고 있었다.

"어이, 김 상병."

"예."

김 상병이 연필을 든 채 백 소위를 바라보았다. 학교는 달라도 같은 해에 졸업을 한 동기다. 이쁘장한 얼굴이 꼭 여자 같다는 착각을 느끼게 하는 김 상병을 볼 때 마다 백 소위는 서울에 두고 온 향(香)이로 착각을 하기도 했다.

"올 겨울 추위는 너무 빠른 것 같은데……."

"글쎄요. 조춘(早春)만 있는 줄 알았더니 올 겨울 날씨는 조동(早冬)이라 해야겠는 걸요."

"조동이라……."

백 소위는 성에가 하얗게 낀 채 녹을 줄 모르는 창 너머로 건넛산을 바라다보았다. 산 전체가 온통 벌집만 같다.

LMG와 AR호가 시멘트로 견고히 구축되어 있는 사이로 교통호가 거미줄처럼 연결되어 있다. 만일 다시 전쟁이 일어난다면 저 구멍마다 불을 뿜겠지. 아, 그 장관이라니…….

사실 백 소위는 전쟁을 그저 아름답게만 생각해왔다. 인류의 정력이 넘쳐나 내뿜는 물줄기 같은 낭만적인 것으로. 그러나 군복을 입고 떠나올 때 조금은 마음이 흔들렸어야 했다. ROTC 임관식 때 향이와 어머니가 양어깨에 달아주던 계급장의 중압감- 한번 군인다운 군인이 되어 보리라.

그러면서도 떠나는 자기를 위해 눈물짓던 홀어머니의 모습이며, 향이의 검은 눈동자에 가득 담긴 눈물방울을 바라보며 전쟁이 미학적인 것만은 아니라는 생각도 해보았다. 향이는 백 소위가 대학 3학년 때 가르치던 여학생이었다. 당시 고등학교 졸업반이던 향이는 영어 개인지도를 백 소위에게서 받았다. 그것이 인연이 되어 사귀어 온 사이이다.

"기어코 전방으로 가시는군요. 제 힘이 모자란 탓이죠."

대학생이 된 향이의 어른스러운 말이었다.

"별소릴, 군인이 적을 찾아 싸움터로 가는 게 당연한데 그런 소리 하지말어."

백 소위는 어깨를 떨며 우는 향일 가볍게 안아주며 어느 때보다 엄숙한 얼굴로 향의 얼굴을 받쳐 들었다. 검은 눈이 유달리도 매력적인 향인 그 시원한 눈동자처럼 성격도 서글

서글했다. 향인 백 소위의 후방 배치를 위해 아버지는 물론 아버지의 친구까지 찾아다니며 힘을 써보았지만 결국 바람같이 되지는 못했다.

"너무 멀리 가시는 것 같아요."

"떠나는 사람에게 웃어주는 게 향이 다울 텐데……. 자, 걱정 말고 혼자 계시는 어머니나 잘 보살펴드려요. 응."

"……."

향이는 그냥 고개만 끄덕였다.

백 소위는 그 동안 휴가 때와 면회를 통해 세 번 향일 만났다. 그러나 언제든지 떠날 때는 역시 둘 사이에는 처음 전선으로 떠날 때와 똑같은 말들을 주고받았다.

'향일 못 본 지도 꽤 오래되었구나. 이제야말로 처음 떠날 때 향이에게 큰소리치던 군인다운 군인이 되어야겠다.' 문득 백 소위는 건너편 산 위에 무수히 입을 벌리고 있는 참호를 나와서 밀려오는 적에게 기관총을 통쾌하게 퍼붓는 자기의 모습을 그려본다.

점심식사를 끝내고 백 소위는 병력과 장비를 완벽하게 갖추어서 까치초소에 도착했다. 먼저 와 있던 사병 중 몇은 남고 다시 돌아가는 사병도 있었다.

모든 지형과 근무 요령을 충분히 숙지시키고 백 소위는 ○○고지 정상으로 올라갔다. 적지를 보고 싶다면서 따라온 서무계 김 상병과 단둘이었다.

김 상병은 칼빈을 메고 백 소위는 권총을 차고 쌍안경을 들었다. 먼저 내린 눈이 녹지도 않은 채 다시 그 위에 눈이 쌓인 듯 밟고 가는 감촉이 싱그러웠다. 겨울 산은 별로 볼품이 없었다. 소나무는 좀처럼 구경할 수도 없고 굴참나무, 떡갈나무들이 자라지 못한 채 고사목이 되어 넘어져 있었다.

"김 상병은 이 고지에 대해 들은 적이 있나?"

"별로 없는데요."

"언젠가 중대장님이 그러시더군. 6.25 당시에 가장 처절한 전투가 이 고지에서 있었다는 거야. 적과 아군 사이에 뺏고 빼앗기는 공방전이 하루에도 무려 수십 차례, 끝내 아군 손에 들어왔지만, 여길 확보하는 날 휴전령이 내렸다는 거야."

"그래요?"

"지금도 이 산 어디에쯤 숱한 백골들이 묻혀 있을걸. 뭐 시체 처리나 옳게 했겠어. 눈에 보이는 대로 시체들 수습하여 한곳에서 태우고는 그 잿봉지는 인원 점검에 빠진 사람 순서대로 나누어 보내기도 했다니 가히 그 전황을 알 수 있지 않아."

"정말 죽음도 그처럼 어이없대서야 전쟁다운 맛도 없겠습니다."

"전쟁다운 맛이라고?……"

백 소위는 부지런히 걸었다. 묵직한 야전잠바 안에서 온몸에 땀이 배었다. 철모를 벗었다. 그리고 땀을 씻으면서 멀리

산 아래로 파아랗게 흘러가는 비무장지대를 가로지르는 강물을 바라보았다.

"낚싯대를 하나 마련해야겠어."

"낚싯대요? 이 산 속에서 꿩이라도 낚으시렵니까?"

"김 상병은 낚시로 꿩을 낚는 솜씨를 가졌나. 하하."

"그럼 뭣에 낚싯대를 쓴단 말입니까?"

"저걸 보게 저게 강이야."

"……."

"저 강 이쪽으로 남방한계선이 지나가니 결국 저 강은 비무장지대인 셈인데 철조망 사이로 낚싯대를 밀어 넣어 담그기만 하면 팔뚝만큼한 고기가 그냥 걸려온대."

"언제 그런 걸 다 아셨죠?"

"그것도 지역 정보로 인수받은 거라네."

정상에 올랐다. 햇빛이 차츰 약해지고 있었다. 안개가 드리워진 동해바다가 내려다보였다. 쌍안경을 눈에 가져갔다. 적의 초소가 금방 눈앞에 다가왔다. 초소 시설로서는 훌륭했다. 그리고 초소 옆 산허리를 지나가는 터널이 수없이 보였다. 어른 키만큼한 라운드 스피커도 보였다. 아직 방송을 하지 않고 있었으나 이쪽의 빈약한 방송시설을 생각하면 안타까운 생각이 들었다.

"자, 한번 보게."

김 상병에게 쌍안경을 건네줬다. 신기한 듯 적지를 살피고 있는 김 상병 뒤에서 신기해 할 수만 없는 자신의 위치가 다시 한 번 돌아다 보였다. 까치초소에서는 뭘하는지 가는 연기가 피어오르고 있었다.

"내려갑시다."

"응."

"CP에는 자주 못 오시겠군요?"

"못 갈 거야. 하루 한 번쯤은 연락병이 다닐 테니까 내게 오는 편지나 잘 챙겨서 보내줘."

"예, 염려 마십시오."

"자, 어서 가세. 김 상병이 가야 트럭이 출발할 테니까."

둘은 부지런히 눈길을 걸어 내려왔다. 벌써 트럭은 엔진을 걸어 놓고 있었다. 몇 명의 사병이 뒷좌석에 타고 있었다.

"안녕히 계십시오."

트럭이 움직이자 김 상병이 선임 탑승석에서 경례를 했다.

아슬아슬한 비상도로를 트럭이 벌벌 기어간 다음 홀로 남은 고독 같은 걸 느끼며 백 소위는 내무반으로 들어갔다. 모두 배낭을 정돈해 놓고 병기수입을 하고 있었다.

"이제는 내가 그렇게 병기수입을 깨끗이 하라고 일러주지 않아도 너희들 각자가 알아서 할 줄 안다. 너희들 생명을 지켜주는 건 이 총 한 자루 뿐이야. 생각지 않는 곳에서 돌연 적이 나타나 총을 겨눌 때 얼마나 빨리 총을 쏠 수 있으며, 그 총이 불발 없이 원점조정이 잘 되어 있을 때 비로소 총의 가치를 알고 그 총으로 해서 너희들 생명을 보호받을 수 있는 것이다. 그러니 모두 병기에 바늘 끝만한 녹도 없이 말끔히 닦아라. 낮에는 근무도 고되지 않고 시간이 많을 테니 늘 병기수입 하는 것을 잊지 말아야 한다. 대신 밤에는 근무를 철저히 서야 해. 너희들 발 뿌리 어디서든지 적은 기어온단 말이다."

병기수입을 하고 있는 사병들에게 남 중사가 훈시를 하고 있었다. 백 소위는 내무반에 분해하여 죽 늘어놓은 병기를 하나하나 들여다보았다. 정말 남 중사의 말처럼 이것들만이 우리의 생명을 지켜주는 유일한 힘이다. 그렇게 생각하니 새삼 그 까만 쇳덩이들이 믿음직스럽게 보였다.

소대장실은 페치카 옆으로 아늑하고 따스한 곳으로 따로 정해져 있었다. 간이 서가에 꽂힌 몇 권의 책들, 그리고 라디오 하나와 무전기 기타 중요장비가 거기 놓여 있었다. 페치카의 성능이 좋아서 밖은 매운 바람이 불고 추위가 기승을 부리고 있었지만 내무반만은 런닝바람으로도 견딜 만큼 따뜻했다.

남 중사가 곁으로 왔다.

"소대장님, 산에 다녀오셨습니까?"

"예."

"근무 순번이며 위치를 대충 정해 주었습니다만……."

"그런데?"

"사병 한 사람이 여길 떠나려고 했습니다."

"뭐? 누구야."

"저기 박해식 일병입니다."

"왜?"

"군대 경험도 얕은데다 갑자기 이런 곳엘 오니 겁이 나는 모양입니다. 실탄을 지급해 줬는데 받기를 겁내더라구요."

"신상 파악을 해봤소? 그렇다면 CP로 내려 보내야지."

"예, 경남 출신인데 독자라는 군요. 의가사제대 신청을 해 놨답니다. 내려 보내고 싶었지만 소대장님도 안 계셨고 며칠 지나면 괜찮을 것 같아서 그냥 두었습니다."

"좀 불러오시오."

"예."

남 중사가 나가더니 곧 박 일병을 데리고 왔다. 소대장 앞으로 온 박 일병은 무척 겁을 먹은 표정이었다.

"박해식 일병 소대장님께 불려왔습니다."

"음……."

백 소위는 박 일병의 경례를 손을 올려 받은 뒤 옆에 앉혔다.

"여기 있는 게 겁이 나나?"

"아니 괜찮습니다."

"무섭지?"

"처음에는 무서웠지만 이젠 괜찮습니다."

"곁에 전우들이 있으니 며칠 견뎌봐라. 그래도 할 수 없으면 내려 보내 줄게."

"아닙니다. 여기 그냥 있겠습니다."

"그래, 저녁으로 근무만 착실히 하면 되니까. 혹 어려운 일이 있으면 소대장에게 얘기해 다오. 의가사제대 신청을 해놨다지?"

"예."

"가족은?"

"어머니하고 여동생뿐입니다."

"그래, 어머니는 뭘 하시지?"

"교회 전도사이십니다. 저에게 군복을 입고 있는 동안은 확실히 근무하라고 편지에 적어 보내셨는데……. 소대장님, 이 겁쟁이를 용서해 주십시오."

"자네 올해 몇 살이지?"

"스물 둘입니다."

"알았다, 가보게."

분해해 놓았던 병기들을 결합해 놓고 남 중사가 검사를 하고 있었다.

"임마, 이래 가지고 총알이 나가겠냐? 응. 이 총구멍에 온통 먼지가 자욱한 게 눈에 안 보여. 꼬질대를 갖고 와."

지적당한 김 병장이 꼬질대를 갖고 왔다.

"손 내밀어."

"……."

"자, 헤아린다."

남 중사가 꼬질대를 높이 쳐들었다.

"하나… 두울… 세엣… 음."

김 병장이 손을 폈다 오무렸다 하며 꼬질대로 매를 맞고 있었다.

"자, 이걸로 다시 깨끗이 수입해."

"예."

"다음, 보자. 넌 노리쇠에 웬 기름을 이렇게 들이부었나. 응."

"……."

"기름만 많이 칠한다고 이 총이 깨끗한 줄 알았다간 전쟁이 나면 한 놈도 죽이지 못해. 그땐 총을 원망해도 소용없단 말이야. 그 정신 상태가 글러먹었어. 총걸이를 물고 서."

"다음. 음……. 박 일병이구나. 노리쇠를 후퇴시켜 봐."

그러나 박 일병의 총도 노리쇠가 중간쯤에서 걸려 제대로 열려지질 않았다. 안간힘을 하며 당겨도 노무지 열리지를 않았다.

"이놈 봐라. 보자, 음…… 결합이 잘못되었구나. 훈련소를 나온 놈이 M-1 결합도 하나 못해? 이래가지고 오늘 저녁에 당장 근무를 어떻게 설 테냐? 맨주먹으로 총을 가진 적을 이길 자신 있는 놈 나와 봐. 첫날부터 정신상태가 이래가지고 어떻게 이 까치초소에서 근무를 하겠다는 거냐? 응? 병기수입이 불량한 것은 그만큼 너희들 정신이 아직도 이곳의 위험성을 알지 못한 탓이다. 너희들 중에서 어느 한 놈이라도 죽어봐라 울어주는 놈 하나 이 중에 있는 줄 아냐? 서류처리 한 장으로 너희들 시체는 육종(六種)으로 분류되어 병참부에 반납된다는 걸 알고 있나 모르고 있나? 엉? 모두 총을 침상에 놓고 엎드려뻗쳐."

그 날 한 사람도 병기수입 검사에 합격된 사람이 없었다.

이동해 오느라고 먼지가 많이 낀 총을 갑자기 깨끗이 수입하려고 하니까 힘도 들었겠지만 그간 교육사단으로 있으면서 실탄사격을 자주 못 해본 터라 평소 총 소제를 열심히 하지 않은 탓도 있었다.

백 소위는 처음부터 병기수입 검사과정을 지켜보고 있었다. 사단에서 가장 좋은 총을 골라온 것들이다. 수입만 잘 하고 사격술만 좋으면 총의 성능은 100% 발휘할 수 있는 것이었다. 다른 무엇보다도 이 개인화기 하나만은 제대로 성능을 발휘해야 한다고 항상 생각해 온 백 소위였다.

"남 중사, 다들 일으켜 세우시오."

"옛, 전원 일어서."

백 소위가 침상 위에 일렬로 늘어선 그들 앞으로 나섰다.

"총기 수입 상태가 모두들 왜 그런가? 총을 몽둥이 삼아 쓰지 않고 실탄을 쏘아 보내는데 사용한다면 수입 하나만은 제대로 해야 하지 않을까? 처음이라 이 정도로 그치지만 다음에는 항상 총기 수입을 완전하게 해놓도록, 알겠나!"

"예."

"그러나 오늘 저녁에라도 어떤 사태가 일어날지 모른다. 그러니 전원 빠른 동작으로 지적당한 부분을 깨끗이 수입하고 저녁식사에 임하도록, 이상!"

부산하게 다시 총들을 분해해 놓았다. 백 소위는 박 일병 앞으로 갔다. 부품의 결합이 잘못되었다고 지적당한 그는 재빨리 바르게 결합을 해놓고 노리쇠를 후퇴시켜 밀어 넣은 뒤 천장을 향해 방아쇠를 당겼다. 금속성의 예리한 쇳소리가 들렸다.

"됐나?"

"예."

박 일병은 씩 웃으며 총걸이에 자기 총을 올려놓고 손을 바지에다 문질렀다. 미처 일몰이 되기 전에 벌써 초소에는 저녁식사가 끝이 났다.

"남 중사. 근무배치는 어떻게 됐소?"

"내무반 1개 불침번조는 연락을 겸하고, 동초 1명은 초소 주위를 경계하며, 제 1번, 2번, 3번, 4번, 5번 거점에 각각 배치를 했습니다. 고참병과 신병을 고루 섞어 한 사람이 두 시간씩 근무를 하게 했습니다."

"어디 봅시다."

남 중사는 근무자 명단을 건네주었다.

"박 일병이 몇 번 거점이요?"

"동초에 넣었습니다."

"괜찮을까?"

"동초는 그래도 막사 주변이니 조금 마음을 놓을 겁니다."

"좋아요, 그럼 각 근무지로 나가기 전에 집합을 시켜주시오."

초번 근무자는 단독무장에 각각 실탄을 휴대하고 그 나머지는 비무장으로 집합해 있었다.

"실탄은 모두 받았지?"

"예."

"오늘은 우리 부대원만으로 근무에 임하는 첫날인 만큼 각별히 조심해서 조그만 사고도 없도록 노력하라. 과거 교육사단으로 있을 때처럼 그런 근무 상태로는 하루 저녁에 목숨이 열 개라도 모자랄 것이다. 제 신호규정을 철저히 이행하고 만약 조금이라도 의심스러우면 신속히 본부로 연락을 하되 화급한 경우는 즉각 발사하라. 암구호 및 비밀신호는 생명과 같은 것이니 만큼 철저히 지켜야 한다. 언제, 어느 순간에 적의 공격조가 이 초소를 습격해 여러분의 생명을 위협하고 있는지 모른다.

그래서 다음 사항을 철저히 지켜주기 바란다. 첫째, 수하요령을 잘 알아야 하며 신속하게 대처할 수 있어야 한다. 만약 신호규정을 잊은 자는 아군이라 하더라도 제2의 적으로 대우받은 것임을 명심하라. 둘째, 졸거나 자기 위치를 이탈하는 사례가 없도록 보초는 시계와 청계를 최대한으로 이용하여 자기 구역 안의 모든 비상사태에 철저히 대응하라. 셋째, 이것은 내무반 불침번이 알아서 할 일이지만 근무교대 시간을 엄수해야 한다. 고참이라고 신병의 근무시간에 덕을 볼 생각을 해서는 안 된다. 어쨌든 자신의 생명은 자신의 노력과 기지로 지킬 수 있다는 걸 명심하고 근무를 철저히 하도록. 이만."

초번 근무자는 각자의 위치로 돌아갔다. 해가 떨어진 초소 주위에 어둠이 잦아들기 시작했다. 철조망 너머 강물이 기분 나쁘게 번쩍거리고 적의 초대형 스피커에서는 감미로운 음악을 앞세우고 새로 근무에 임하는 ××사단 ×연대 장병들의 노고에 위로의 인사를 보낸다는 대남방송이 나오고 있었다. 이미 알고 있던 터이지만 놈들의 빠른 정보에 백 소위는 새삼 감탄하지 않을 수 없었다. 그렇게 생각하서인지 지금 어느 지점에 누구가 보초를 서고 있는 것조차 다 알고 있을 것 같아 소름이 돋았다.

"소대장님은 좀 주무십시오. 처음이라 모두 잔뜩 긴장하고 있을 테니 근무에는 이상이 없을 것입니다만 제가 순찰을 돌아오겠습니다."

"그럼 부탁합니다. 먼저 쉬겠습니다. 대신 새벽에는 내가 순찰을 돌겠습니다."

남 중사가 막사를 떠난 뒤 백 소위는 자리에 누웠다. 페치카의 훈훈한 온기가 피로했던 온몸을 구석구석 녹여주는 것 같았다.

'향이, 지금 난 너를 생각한다. 이 커다랗고 위험한 임무를 수행해 가는 데는 너의 기도가 큰 힘이 될 거다.'

긴장 끝에 찾아오는 나른한 피로를 느끼며 백 소위는 잠이 들었다. 얼마쯤 잤을까. 놈들의 스피커 소리도 잠들어 있었다. 꿈길이 뒤숭숭했다. 향이와 어머니의 사이가 영 좋질 않았다. 어머니와 싸운 향이가 집을 나가는 순간 마치 향이를 잡으러 가는 것처럼 백 소위는 눈을 떴다. 문득 변소에 가고 싶어 문을 열고 나섰다. 구름이 끼었는지 칠흑 같은 어둠이 사방에 깔려 있었다.

"향이와 어머니 사이에 무슨 일이 있나 보다. 어서 집엘 가 봐야겠구나."

꿈속에서처럼 중얼거리며 방향감각도 없이 변소를 찾아 나섰으나 어둠 속에 전혀 구별을 할 수 없었다. 주머니를 더듬었다. 라이타가 손에 잡혔다. 찰칵 불을 켰다.

"누구야! 암구호!"

순간 날카로운 고함소리로 수하를 해왔다. 그러나 백 소위는 멍한 상태로 서 있었다. 그 순간이었다.

"탕, 탕."

요란한 총성이 울렸다.

"아악."

백 소위는 허공을 한 바퀴 돌며 야전 변소의 엉성한 울타리 벽 앞에 그대로 넘어졌다. 마침 순찰에서 돌아오던 남 중사가 뛰어왔다.

"뭐야?"

"지금 요 앞에서 반짝 하고 불빛이 보였는데 암구호 응답이 없어 발사했습니다."

떨리는 박 일병의 음성이었다.

남 중사가 방광 후레쉬를 비췄다. 유혈이 낭자한 채 쓰러진 백 소위의 얼굴이 희미한 불빛 속에 나타났다.

"아니 소대장님을……."

그 순간 박 일병은 그 자리에 정신을 잃고 쓰러졌다.

그때 다시 강 건너 적군의 초소에서 감미로운 음악과 더불어 심야 대남방송이 시작되고 있었다.

解渴

천하의 공당으로 군림하는 J당으로부터 입후보 공천을 받긴 했어도 강성원(姜成遠) 국회의원은 지난번 선거에서 고전을 면치 못했다.

천여 표도 못되는 아슬아슬한 차이로 상대방을 물리치고 금배지를 달긴 했지만 벌써 다음 총선을 1년도 못되게 남겨놓고 안절부절 이었다.

국회에서 그의 활약이란 3년 동안 발언 한 번 번번이 못했다면 가히 알쪼다. 그 옛날 K당 시절의 유명했던 거수기밖에 안된 꼴이었다.

그랬으니 다음 선거에서 그의 승산이란 도무지 점쳐 볼 수도 없는 노릇이었다. 그런가 하면 지난 번 선거에서 떨어진 H씨는 벌써 J당의 약점이란 약점은 모조리 잡아내어 선거포

석을 던지고 있는 터라. 이것저것 골치 아픈 일 때문에 시골로 내려온 강 의원은 며칠간 찾아오는 손님들도 몸이 아프다는 핑계로 만나지도 않고 다만 지구당의 간부급들만 몇몇을 불러 다음 선거태세와 당세의 확장에 대해서만 묻고는 아주 두문불출이었다.

Y군과 B군의 합구가 선거구인 강 의원은 Y군에서는 어느 정도 기반을 굳혔다고 볼 수 있지만 B군에는 도무지 손톱 하나 들어가지 않을 정도로 H씨의 교두보가 되고 있었다. 지난번 선거 때 고전한 경험을 살려 어떻게 하면 이 B군의 표를 다만 몇 표라도 자기에게 끌어올 수 있는가를 연구하는 것이 이번 귀향의 궁극적인 목표이기도 했다.

도무지 신통한 생각이 나지를 않았다.

시골에서는 아직도 가문과 씨족으로 뭉쳐 있어서 선거유세와 금전공세 같은 것도 아무 소용이 없다. '줄 때는 받아먹고 표 찍을 때는 바로 찍자'는 약삭빠른 속셈들이니 그 수법을 다시 쓸 수도 없었다.

지난번 선거 때, Y군의 삼분의 일도 안 되는 B군에 선거비용은 Y군의 배도 더 들었지만 B군에서는 더할 수 없는 참패를 당한 것을 강 의원은 아프게 기억하고 있었다.

"아범아, 이리 좀 건너오너라."

노모가 불렀다.

들여다보던 지방신문을 밀어놓고 강 의원은 안방으로 건너

갔다. 아버지 姜 노인도 앉아 있었다.

"부르셨습니까?"

일국의 국회의원이었지만 강 의원은 아버지, 어머니 앞에서는 아직도 아이 노릇이었다. 그만큼 강 노인은 성품이 엄격했다.

한학의 대가이지만 아들은 한문 공부를 시키지 않고 대학까지 순순히 보낼 만큼 머리가 깨이신 분이다.

"그리 앉거라."

강 의원은 윗목에 무릎을 꿇고 앉아서 아버지의 얼굴을 쳐다보았다.

"내년 선거를 어찌 할 테냐?"

"예-. 거의 준비가 된 줄로 알고 있습니다."

"준비가 된 줄로 알고 있다니?"

"조금 전 지구당 간부들이 다녀갔습니다. 대충 선거 태세는 잡혀있다고 합니다만……."

"그런데……."

"역시 B군의 일이 걱정이군요."

"음-."

강 노인도 지난 번 선거에서 B군 사람들이 아들에게 던져준 표수를 알기 때문에 아무 말도 못하고 깊은 신음만 했다.

강 노인의 가문은 괜찮은 편에 속했다. 거기다 집안 살림도 든든했다. 자기는 학방을 경영하면서 아들을 대학교에 보냈다. 그 때만 해도 시골에서는 만족할 만한 생활이었다고 강 노인은 생각했지만 아들이 국회의원이 되자 국회의원의 아버지로서 강 노인의 위치는 옛날에 비할 바가 아니었다.

권력이 싫을 리가 없다. 그러니 아들의 선거 준비를 물어보지 않을 수가 없었다.

"B군 일이 걱정이라-."

"과히 염려하지 마십시오. 소자가 할 수 있는 데까지 노력해 보겠습니다."

"네 힘으로 될 것 같으면야 걱정이 되겠느냐만-. 거기 朴씨 가문만 어떻게 할 수 있다면-. 옳지!"

강 노인은 희색이 만면한 얼굴로 고개를 끄덕끄덕했다. 그런 아버지의 표정을 살피던 강 의원과 노모는 동시에 강 노인의 입만 쳐다보았다.

"아버님, 무슨 묘안이라도 계십니까?"

"음, 성훈(成勳)이도 이번에 같이 오도록 하지 그랬느냐?"

"성훈이요? 그 애는 학교 일이 바쁘다고 올 생각도 않더군요. 방학이 된다해도 졸업반이라고 내려오지 않을 겁니다."

"그놈이 오면 뭘 하오. 형의 말이라면 콩으로 메주를 쑨 데도 믿지 않을 놈이 제 형의 선거운동을 하려들줄아오. 원 어림도 없지. 한 배에서 난 녀석이 어디 그런 놈이 있담. 쯧, 쯧……."

옆에 앉았던 노모가 한마디 거들었다. 성훈이는 강 의원의 막내 동생이다. 현재 서울 H미대에 다니고 있었다. 얼굴도 강 의원과 달리 곱상하니 생기고 성격도 무척 양순해서 어릴 때에는 부모의 귀염을 독차지했지만 대학교 입학할 때 하필이면 온 가족이 반대하는 미술대학을 택하면서부터 미움바가지가 되었다.

형이 국회의원이면 그만 또래에 좀 으시댈 만도 하건만 이 성질은 형이 국회의원이란 게 알려질까 봐 겁을 내는 형편이었다. 친구들의 말을 빌리면 정치(政治)의 政자만 보아도 도망갈 만큼 정치와는 담을 싼 성훈이는 그래서 이 집 식구 같지가 않았다.

서울에서도 강 의원의 으리으리한 저택에 남아돌아가는 게 방이었지만 굳이 마다하고 성훈이는 학교 주변 허름한 하숙방에서 혼자 지내고 있었다.

"야! 임마 이게 무슨 꼬락서니야. 그래도 대 여당 국회의원의 계씨님이 이런 삼류 하숙방 신세를 지고 있다니."

친구들이 그럴라 치면

"무슨 소리야. 난 지금 보시다시피 초라한 환쟁이, 좀 좋게 말하면 장차 화가일 뿐인걸."

이러면서 성훈이는 태연했다.

학비며 하숙비는 매달 강 의원이 김 비서를 시켜 꼬박꼬박 전해 주었다.

내려오기 며칠 전 강 의원은 김 비서를 시켜 하숙비와 용돈을 전해주고 고향에 내려간다는 얘기를 하게 했지만 그걸 알면서도 그날은 집으로 전화만 걸어왔다.

"저 성훈입니다."

"성훈이냐, 나다."

"고향에 가신다구요?"

"그래 바쁘지 않으면 너도 동행을 했으면 하는데-. 웬만하면 곧 오너라. 차 보내 주랴?"

"아닙니다. 이번 주 내로 완성시켜야 할 연구 작품을 제가 맡아서 시간이 없어요. 혼자 다녀오십시오."

"……."

그런 말로 전화를 끊은 성훈이를 강 의원은 혼자 생각하고 있었다.

아버지가 성훈이를 데려올 걸 그랬다고 아쉬워하시는 게 오히려 이상할 지경이었다.

"이번 일에는 성훈이가 있어야겠어."

"무슨 말씀입니까?"

"그 놈이 들어줘야겠는데……."

"?"

"B군의 박씨 가문과 사돈을 맺어야겠어. 그렇게만 된다면-. 아범생각은 어떠냐?"

"예?!"

어머니가 눈을 크게 뜨고 놀라는 표정을 하고 강 의원도 아버지의 묘안에 속으로 쾌재를 불렀으나 어떻게 그걸 실현시키느냐가 문제였다.

정말 자기 말이라면 콩으로 메주를 쑨다 해도 듣지 않는 성훈이의 얼굴이 눈앞에 커다랗게 클로즈업되어 왔다.

(네가 날 도와줘야 한다. 오직 이번 선거에서 승리할 수 있는 길은 너한테 달려있다.)

강 의원은 기도문이나 외우듯 입속으로 중얼거렸다.

"아버님 그게 될 수 있을까요?"

"될 수 있고 안 되고가 있나. 무조건 되도록 해야지. 그 쪽 일은 중간에 사람을 넣어 내가 알아놓을테니 네가 올라가서 성훈이를 내려 보내도록 해봐."

"예."

뭔가 아른거리는 것이 눈앞을 가리긴 했지만 강 의원은 제법 가벼운 마음으로 자기 방으로 돌아왔다.

4월 중순.

나뭇가지마다 제법 싹이 파랗고 널따란 집안에도 생기가 도는 것 같았다.

담뱃불을 붙이고 강 의원은 길게 연기를 빨았다. 그리고 창문을 드르륵 열었다. 햇빛이 무척 따뜻했다.

(성훈이가 내 말을, 아니 아버님 말씀을 들을까? 혼기가 되었으니 어차피 결혼은 시켜야 할 판이지만 만약 성훈이에게

다른 여자가 있다면…….)

(내 출세를 위해 동생을 희생시키다니, 안 될 노릇이다. 하지만…….)

다수의 힘만으로 어떤 안건이고 척척 통과시키던 국회에서 힘의 위력을 느낄 때는 마치 불도저가 흙을 밀고 나가듯 통쾌하였다. 어디를 가나 버젓한 대우를 받고, 그 뒤로 김 비서가 접수하기에도 바쁜 봉투들에게 느끼던 매력.

(성훈아 정말 너는 내 편이 되어다오. 제발-.)

강 의원은 어떤 결심이라도 하듯이 입을 굳게 다물었다.

"그것 이리 줘. 내가 들게."

"응."

성훈이는 경란이 들고 있던 캔버스를 제 어깨에 둘러매었다.

강 의원이 시골로 내려간 이틀 후 성훈은 경란과 함께 야외 스케치를 겸하여 주말을 즐기기도 할 겸 교외선 열차에 올랐다.

성훈이는 캔버스 두 개, 경란이는 조그만 여행용 백을 메었다. 당일행이 아님을 언뜻 봐도 알 수 있었다.

"저 봐, 저 파아란 들을-. 무척 아름답지?"

"란인 꼭 어린애 같애. 그게 뭐 그리 신기해."

"이런 바보. 봄이 덮인 저 들판을 아름답다고 느끼지도 못하면서 훈이 무슨 미술학도라고 빼기고 그래."

"요게."

"하하 호호."

기분 좋게 지나치는 창밖을 내다보며 오랜만에 나온 교외 풍경에 경란은 신비함을 금치 못하는 듯 연신 감탄을 하고 있었다. 그런 경란이가 성훈이는 더없이 귀여웠다.

한 달 전쯤 경란이와 같이 다녀온 백암온천에서의 일이 꿈같이 생각되었다. 둘이는 마치 신혼여행을 가듯 가벼운 마음으로 온천탕에 몸을 담구며 3일을 보냈다.

성훈이 제대 후 복학을 하며 사귄 두 사람은 2년 만에 결혼 약속까지 하였다.

백암에서 두 밤을 보낸 아침 별 것도 아닌 사소한 일로 처음으로 입싸움을 벌인 일이 있었다.

"보기 싫어. 가란 말이야."

"가겠어요. 그렇지만 제가 가져온 물건 이리 다 내놔요."

"물건을 달라고? 그래 다 가져가."

성훈은 타올이랑 비누를 집어 던졌다.

그것들을 챙겨놓고 경란은 커다란 침대 커버를 펼쳐 놓았다.

"자, 어서 훈도 여기 누워요."

"뭐?"

"내건 다 갖고 가랬죠. 당신도 제 것이에요. 그러니 갖고 가야겠어요. 어서 여기 누우세요."

웃지도 않고 또박또박 얘기하는 경란을 성훈은 뜨겁게 껴안았다. 그리고는 입술을 비볐다.

"내가 잘못했어. 다시는 그런 말 하지 않을게."

성훈의 가슴에 머리를 묻은 채 경란은 뜨거운 눈물을 보였다.

그런 추억같이 아름다운 일이 있었던 한 달 전의 온천행과 또 오늘 이렇게 교외로 나오는 성훈은 경란의 얼굴을 들여다보며 세상에서 자기는 가장 행복한 놈이라고 흐뭇해했다.

나이도 자기보다 한 살 위였지만 경란은 성훈에게 누이 같기도 했고 때로는 어머니같이 따사로운 모성을 보이기도 했다.

그렇기 때문에 성훈은 경란과 같이 있을 때가 가장 평화롭고 고요한 시간처럼 생각되었다.

"여기서 내리지."

"어디야, 이곳이?"

"금곡."

둘은 곧 한적한 계곡에 캔버스를 세우고 스케치를 시작했다. 4월의 봄이, 그리고 화사한 젊음이 피어나는 나뭇가지를 타고 캔버스 위에 가득 담기는 것 같았다.

작품을 만드는 동안 성훈과 경란은 조금 떨어져 있었다.

즐기는 것과 일하는 것을 그렇게 구별하였다. 그때만은 서로가 누구에게 밑지지 않는 미술학도로서 실력을 발휘하느라 여념이 없었다.

"오우, 멋진걸."

"훈은 벌써 다 됐어?"

"음."

"또 엉터리."

"그런데 저 나뭇가지는 치워버렸음 좋겠어."

"아녜요. 그걸 버리면 이쪽 구도가 엉성해 지는 걸."

"오라 그렇기도 하군. 역시-."

성훈은 가볍게 경란을 안아 주었다. 모든 게 빈틈이 없는 경란이다.

졸업을 하면 둘은 곧 결혼하기로 약속했다. 경란이면 어디에나 모자람이 없는 훌륭한 신부감이라고 굳게 믿고 있는 성훈이다.

둘은 저녁에 조용한 가정집 방 한 칸을 빌어 민박을 했다. 온천장의 그 화려함과는 또 다른 차분한 기분이었다.

"형님, 시골 가셨다죠?"

"응."

"왜 갔을까요?"

"몰라 형님 얘긴-."

"혹시 성훈씨 장가보낼려고 가신 것 아닌지 몰라."

"미쳤군. 경란인, 내 장갈 형님이 가나."

"미안해요, 하지만 자꾸만 형님과 그렇게 의견이 어긋나면 어떡해요. 우리들의 결혼을 위해서라도 형님과 가까워지세요."

"응. 그렇지만 난 형님께 비굴하게 고개를 숙이고 싶지는 않아."

"그래도 형님은 형님이잖아요. 또 형님의 사회적 체면도 있는데-."

"알겠어. 이제 그런 얘기는 그만 하자구-."

성훈이 먼저 불을 껐다.

며칠 후 하학길에서 성훈은 김 비서를 만났다. 교문 앞에서 기다린 것 같았다.

벌써 하숙비를 가져오기에는 이른 시기라고 생각하며 성훈이 먼저 인사를 했다.

"어인 일입니까?"

"아이구 오랜만입니다. 실은 영감님께서 시골에서 돌아오셨습니다. 상의할 일도 있고해서 좀 모시고 오라는 전갈입니다."

"그래요? 벌써 시골에서 오시다니 이상하군. 갑시다."

성훈은 그 길로 옆구리에 책을 낀 채 김 비서를 따라 후암동 중턱에 있는 형님의 집으로 갔다.

전보다 유별나게 친절한 형을 보고 좋지 않은 예감을 느끼면서도 성훈은 태연했다.

"일찍 오셨군요."

"그래 그 동안 별일 없었겠지?"

"예. 아버지랑 모두 편안하시구요?"

"응. 오늘 널 부른 건 다름이 아니라 아버지, 어머니가 널 꼭 보고 싶다고, 다만 며칠이라도 왔다 가라하시니 내려가 봐라. 이번 방학을 해도 어차피 못갈 것이니 이번 기회에 다녀오는 게 좋지 않겠니?"

"……."

"내일이라도 곧 가도록 해."

"예-."

성훈은 형이 내주는 경부선 2등 승차권과 용돈 얼마를 받아 쥐고 자고 가라는 걸 뿌리치고 후암동을 나섰다.

(갑자기 나를 그렇게 보고 싶어 하다니 어쩐 일인가?)

그는 저녁에 경란을 불러서 만나볼까 하다가 그냥 밤차로 서울을 떠났다. 형님과 같이 못 간 죄빚이 생각나서 일찍 다녀오려는 것이었다.

아침 일찍 고향역에 내렸다.

읍이라곤 해도 시골 같기만 한 고향에 성훈은 그렇게 애착을 느끼지 못했다.

특히 자기가 미술공부를 하니 더욱 이런 고향과는 멀어지리라 생각하면서 그 길로 곧장 집을 향했다.

"훈이냐? 아이구 녀석, 얼마나 고달프니-."

어머니가 맨발로 뛰어나오셨다.

"뭘요, 그간 어머니 많이 늙으셨어요."

"자, 들어가자. 아버지는 아직 누워 계신다."

부엌일을 맡아 하시는 먼 집안 아주머니가 밥을 짓다 말고 장난기 어린 웃음을 던지며 나와 맞는다.

"훈이 이번에는 어째 더 어른 같네."

"원 아주머니도. 내가 언제는 아이였어요."

악의 없는 농을 던지며 성훈은 아버지 방에 들어갔다. 떠드는 소리를 듣고 강노인은 벌써 일어나 앉아 있었다.

인사를 드렸다.

강노인은 무척이나 대견한 듯 아들의 손목을 잡았다.

성훈은 이상한 예감을 느꼈다. 다 큰 자기의 손목을 잡은 아버지 손에서 알 수 없는 그 무엇이 누르는 것 같았다.

"고생은 안 되니?"

"괜찮아요."

"공부도 잘하고?"

"예."

"형네 집에 가 있으면 좋을 걸……. 자, 안방으로 건너가 보아라, 할멈. 시장할 텐데 저 애 아침을 빨리 차리지-."

"어련히 알아서 할려구요. 걱정 말아요."

아침밥을 먹으면서 성훈은 형이 왔다간 뒤 뭔가 전보다 다른 게 있다고 느꼈다. 부모의 정이기 전에 아버지, 어머니에게서 친절이라는 걸 의식하다니, 엉뚱한 생각일까?

친구들 몇몇이 놀러 왔다. 모두 고등학교 때의 얼굴들이었다.

"야, 식이 너도 벌써 군에 갔구나. 휴가 왔니?"

"응! 벌써가 뭐야. 넉 달 후면 드디어 31개월을 다 채우는데."

"좋겠다. 왼손잡이 쌍권총은 뭘하니? 수호말이다."

"대한민국 육군 소위. ROTC 교육을 받았지."

"하, 모두들 갈 길들을 가고 있구나."

친구들과 어울려 이틀을 보내고 나니 성훈은 경란의 소식이 궁금했다.

(떠나올 때 얘기도 못했는데.)

시내로 들어가서 장거리 전화를 걸었다. 마침 경란이 받았다.

"어찌된 일이에요? 하숙집엘 들렀다가 고향 가신 걸 알기는 했지만."

"갑자기 그리 되었어. 내일쯤 갈까 하는데 경란이 보고 싶어 더 못 있겠어."

"기다릴게요. 별일 없다면 빨리 와요."

"오케이. 아무 일도 없으니까 곧 가지."

오랜만에 시내에 나와서 성훈은 친구들과 술을 마셨다. 자기 형님으로 해서 모이는 친구가 아니라 스스로 통할 수 있는 친구를 가질 수 있다는 게 기뻤다.

"자, 훈이. 이 술을 받아라. 미리 주는 결혼 축하주다."

"뭐, 결혼 축하? 이건 내게 오는 술잔이 아니야."

"받어, 짜식. 아무 때고 결혼은 어차피 할 것 아냐. 그래서 먼저 주는 것이니 받으란 말이야."

"……."

"왜 멍청하지. 못난 놈이 되지 말아. 훈! 자, 그럼 나 먼저 간다."

모두 떠난 뒤 성훈은 혼자 술집을 나왔다. 술이 취하는 것도 아닌데 뭔가 머릿속이 뒤숭숭했다.

(결혼 축하주라. 못난 놈이 되지 말라고?)

"늦었구나. 어서 저녁 먹어라."

"괜찮아요. 저녁 생각 없어요."

"그럼 아버지에게 가보자."

성훈은 어머니를 따라 아버지 앞에 앉았다.

"성훈아 애비 말을 잘 들어라. 이번에 오라고 한 것은 다름이 아니라 네 혼사 문제이다."

"예?!"

"너와 상의도 없이 결정한 것은 좀 안 됐다마는 부모 마음이 곧 자식의 마음이 아니겠느냐. 그러니 너무 어렵게 생각 말고 그리 하도록 해라. 규수는 너도 잘 알고 있는 이웃 B군에 있는 박흔동 어른 댁 처녀다. 용모도 깨끗하고 시골에서 중학교를 나왔으니 그 얼마나 안성맞춤이냐."

"아버지, 갑자기 무슨 말씀입니까? 저는 아직 졸업도 안했는데 결혼이라니 가당치도 않거니와 제 상대라면 진작 말씀은 못 드렸지만 이미 정해놓은 데가 따로 있습니다. 그 말씀은 거두어 주십시오."

"뭐라고? 딴 곳이 있다고? 이 녀석아. 그래 중요한 혼사를 네 멋대로 한단 말이냐, 응?"

"가만히 좀 계셔요. 그렇게 화만 내신다고 일이 해결되우-. 얘 성훈아, 아버지 말씀대로 네 혼사는 이미 결정되었고 택일도 끝났으니 이젠 할 수 없구나. 우리 집 체면을 봐서라도 그렇게 해다오."

"어머니는 아들보다 체면이 중하세요. 도대체 뭣 때문에 그렇게 갑자기 박씨 문중과 혼사를 정하신 겁니까?"

"내가 얘기하마. 성훈아, 너도 알다시피 내년에 총선거가 있지 않느냐. 지난 번 결과로 봐서 이번에도 네 형이 당선되리라는 승산이 없다. B군 때문이지-. 거기는 너무나 씨족과 문벌을 가리는 곳이라 돈으로도 안 되는구나. 그러니 어쩌겠느냐?"

"그래서 제가 형님 선거운동을 위해서 결혼을 해야 한다는 말씀이지요?"

"꼭 그런 것만은 아니고……."

"형님 하는 일에 내가 왜 희생이 되어야 해요. 아버지, 그렇게는 못합니다. 그따위 속 보이는 결혼으로 안 될 사람이 당선될 것 같아요? 천만에요. 그리고! 저는 뭐가 되는 겁니까? 아버지, 제발 그 말씀은 거두어 주세요."

"네 마음도 안다. 하지만 지금 형편으로 봐서 네 형이 당선되고 안 되는 것은 우리가 그 쪽과 사돈을 맺느냐 안 맺느냐에 달려 있어. 그렇다고 그게 왜 네가 희생되는 셈이 되는 것이냐? 규수가 무척 마음씨가 좋고 인물도 출중하다더라. 내가 너를 아끼듯 그렇게 사랑해 줄 만한 사람이기에 선뜻 고른 것이지-."

"못 하겠습니다. 아버지, 전 못해요. 형님의 당선이 저와 무슨 상관입니까? 저는 제 길을 가겠습니다."

"정말 그렇게 고집을 피우겠느냐. 애비 망신시키고 집안에 욕을 먹이려면 네 멋대로 해라."

"아버지, 그것만은 안 됩니다. 그것만은 안돼요. 흑흑."

"듣기 싫다. 일은 이미 결정된 것이니 그리 알고 물러가거라."

강 노인은 말을 마치고 목침을 끌어서 베고 돌아누웠다.

어머니가 먼저 방문을 나섰다.

밤하늘에 총총한 별과 시원한 바람이 훈의 눈물을 말려 주었다. 모자는 마루에 나와 앉았다.

"어머니, 도대체 어이된 일입니까?"

"글쎄 낸들 마음이 편치 않구나. 지난 번 네 형이 와서 선거 때문에 걱정을 하느라고 먹지도 않고 누워 있는 걸 보고 네 아버지가 결정한 일이란다. 저쪽에서는 모두 너를 알고 있으니 당자를 볼 것도 없이 결정하고 양가 어른들의 의견을 들어 택일까지 했단다. 부모보다 형을 위해서 네 고집을 꺾으

려무나."

"전 형님의 선거 도구가 아닙니다. 절대로 결혼하지 않겠어요. 만약 그렇게 해서 당선이 되었다 해도 형님의 그 알량한 권세가 몇 년이나 갈 줄 압니까? 대신 형님 때문에 마음 없는 결혼을 하고 평생을 울고 지낼 저는 어머니의 아들이 아닌가요?"

"아이고! 어쩌자고 일을 이렇게 만들어 놓고, 나도 모르겠다. 이제 집안 체면 꼴이 뭐가 되려는지-."

이튿날,

성훈은 훌쩍 서울로 올라왔다. 그 길로 경란을 만나서 자세한 이야기를 나누었다. 그리고 학교에는 휴학계를 냈다.

하숙방도 옮겼다. 오직 경란이만 알고 있는 곳에서 은거생활을 시작했다.

며칠 남은 결혼일자. 그날까지만 숨어있으면 되겠지 하고.

한편,

강 의원을 비롯한 고향에서는 야단이 났다. 결혼일자는 사흘밖에 남지 않았는데 도무지 성훈의 종적이 묘연했다.

강 의원 자신이 서울 거리를 헤맸지만 알 수가 없었다. 경찰에 의뢰도 했지만 성과가 없었다.

최후로 성훈의 친구들을 설득했다. 성훈의 친구 우진이 경란을 찾아왔다. 경란은 여전히 학교에 나가고 있었다. 성훈과 우진의 평소 우정을 알고 있는 경란은 성훈의 처지를 자기 일처럼 분개하고 동정하는 우진에게 좋은 감정을 가지고 있었다.

"경란씨, 요즘 훈이 어디 있습니까? 용돈도 퍽 귀할 텐데 제게 여유가 좀 있으니 만나서 전해주고 싶습니다. 어디로 좀 나오라고 하십시오."

"예, 고마워요. 사실 훈은 지금 경제적으로 퍽 곤란을 받고 있어요. 우진씨의 이런 마음을 안다면 그이도 기뻐할 거예요. 내일 9시에 일심다방으로 나오세요."

"그럼, 그렇게 알고 준비하지요."

"남의 눈에 띄지 않도록 조심하시구요."

"네."

우진으로부터 연락을 받은 강 의원은 김 비서와 곧 작전을 세웠다.

비밀리 일심다방 뒷골목에 차를 대기시켜놓고 9시 정각에 다방을 들어섰다.

성훈은 컴컴한 코너에서 이쪽으로 등을 보이고 앉아 있었다.

강 의원은 얼른 성훈의 팔을 잡았다. 김 비서와 운전기사도 들어섰다.

"성훈아, 나다. 자세한 얘기는 집에 가서 하고 어서 일어나거라."

"아니! 형, 형님이……."

그리고 몸부림을 했지만 재빨리 김 비서가 한쪽 팔을 마저 잡아 꼼짝 못하게 했다.

"왜 이래요. 우리 성훈씨를 왜 잡아가는 거예요. 예?"

경란이 울부짖으며 강의원의 팔에 매달렸다.

"못 가요 형님. 놔요 이 팔을. 아 아 경란이-."

몸부림치는 성훈의 절규를 남긴 채 그를 태운 짚차가 움직였다.

"여보세요. 우리 성훈씨를 왜 빼앗아가요. 왜 뺏어가는 거예요. 성훈씨 으흐흐……."

짚차를 잡으려고 몇 걸음을 허우적거리던 경란이 길바닥에 엎어졌다.

급 발진한 짚차의 먼지 속에서 경란의 부드러운 어깨가 한없이 물결치고 있었다.

신문기사 및 칼럼

문화춘추

나무사랑

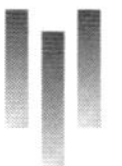

내가 대구에 이주해 온 12년 전, 그 당시 대구의 더위는 정말 혹독했다. 여름 한철 내내 전국 최고의 기록을 세웠고 그 더위 속에 적응이 되지못해 많은 고생을 했으나 짧은 봄, 긴 여름의 대구생활에 많이 길들여지게 되었고 근래에는 대구 기온도 변화가 되었다.

최근의 조사에 의하면 지난 6년간 여름철 낮 기온이 94년도 33.1도에서 99년도에는 28.5도로 평균 4.6도나 떨어졌다는 기록이 나왔다.

대구가 전국에서 가장 무더운 곳이라는 오명을 벗은 확실한 증거인 것이다. 지구 곳곳에 기상이변으로 홍수와 가뭄 등 재난이 그치지를 않고 있는 때에 우리 대구의 한여름 기온이 4도 이상 내려가 쾌적하고 살기 좋은 도시로 탈바꿈 된다는 것은 참으로 반가운 일이다.

이는 결코 우연한 기후의 변화가 아니다. 숲으로 둘러싸인 아름다운 대구. 살기 좋은 도시로 만들자는 의욕적인 노력이 이제 결실을 맺고 있는 것이다.

신천에는 사계절 물이 흐르고, 시원한 고공 분수가 더위를 가른다.

국채보상기념공원을 비롯하여 공원마다 거수목이 들어서고, 잘 자란 가로수가 도로의 지열을 식혀주고 있으며, 앞산과 팔공산의 울창한 숲은 내륙분지의 대구를 숲 속의 도시로 바꿔 가고 있다.

도시의 아름다움은 잘 정비된 도로와 변화 있는 스카이라인도 한 몫을 하지만 정갈하게 가꾸어진 나무의 역할이 더욱 크다. 옛날에 딸을 낳으면 우선 오동나무 한 그루를 심어 딸 아이가 자라서 시집갈 때 혼수 장롱을 만들어 보냈다는 선인들의 지혜처럼, 오늘 우리 대구시민 한 사람 한 사람이 나무를 심고 가꾸어 전국 제1위의 더운 곳이라는 오명을 벗고 살기 좋은 도시를 만들어 가고 있다.

창문을 좀 가리고 간판이 약간 묻힌다는 이유로 가로수 가지를 마구 자르고 어느 큰 식당 앞에 잘 자라던 가로수가 이유 없이 죽어 뿌리부분을 파보니 폐유가 뿌려져 있었고, 채소밭과 이어진 앞산 한 기슭에 기세 좋은 프라타나스 십여 그루 밑둥껍질을 벗겨놓아 고사를 재촉한 일들이 지난날의 아픈 기억으로 남아 있지만, 나무 사랑이 바로 대구사랑이라는 것을 행동으로 실천하는 아름다운 시민정신은 올 여름에 녹색 샤워로 몸과 마음을 깨끗이 하고 대구의 상징 산업인 섬유패션 속에서 시원하고 멋지게 보낼 것이다.

한 번으로 끝내자

유명 화장품 회사의 대구지역 중견간부로 있던 고향 후배가 어느 날 뜻밖의 변신을 했다. 시내버스 운전기사가 된 것이다. 평소 업무처리가 빈틈없고 외모조차 깔끔하던 그가 때로는 기름 때 묻은 작업복을 입고 인생을 새로이 시작하는 것을 보고 많은 생각을 했었다.

『제 나름대로 소신이 있어 핸들을 잡았습니다만, 주민의 발이 되어 봉사하고 운행질서의 확립 등 교통문화 정착에도 기여해 볼 생각입니다.』

그러나 3개월쯤 후에 만난 그는 너무나 피곤해 보이고 좌절과 현실안주에 급급하는 무력한 모습이었다. 열악한 근무환경과 처우, 무질서한 보행자의 안전 불감증, 시간에 쫓겨 할 수 있는 방법만 있다면 어느 정도의 위법은 감수할 수밖에 없다는 것이다.

지금 대구에는 등록차량이 67만대에 가깝고 이는 IMF이전보다 다소 줄어든 것이나 매일 120여 대의 차량이 신규 등록되고 있으며 크고 작은 교통사고도 하루 50여건에 이른다. 사람이 살아가는데 의식주가 중요하지만 문밖에만 나서면 움직여야 하는 교통문제가 더 심각하다.

일본 등 선진국에 비해서 대구의 도로 사정이나 교통시설은 결코 뒤지지 않는다고 한다. 그럼에도 불구하고 수녀님이 핸들을 잡아도 욕설이 나오지 않을 수 없다는 한심한 교통문화가 개선되지 않는 것은 무엇 때문일까?

2002년의 월드컵 행사를 앞두고 시민운동이 활발히 전개되고 대구시에서도 명예 감시단 2000여 명을 선발하여 집중 활동하는 한편, 각종 홍보 등으로 교통문화의 선진화를 위한 노력을 계속하고 있어 고질적인 교통문제가 점차 해결될 것으로 믿는다.

모든 일이 그러하지만 특히 교통문화의 정착은 시민들의 질서의식과 나부터 먼저 실천하는 참여정신이 중요하다. 조금만 신경 쓰면 기존의 주차시설로도 불편 없이 쓸 수 있고, 잠시만 걸어가면 육교와 횡단보도가 기다리는 보행자의 안전지대가 있다.

운전 중 휴대폰 사용, 신호 위반에다 틈만 나면 끼어들고 복잡한 도로 한복판에서 차를 세워놓고 목에 핏대 올리며 언쟁하기, 생명을 건 무단횡단, 거의 모두가 한번쯤은 경험해 본 일이지만 이제 그 모든 것은 그때의 한번으로 끝내자.

국채보상운동기념공원

대구의 금싸라기 땅인 옛 중구청 자리에 조성된 국채보상운동기념공원은 공원으로서 가치가 배가하고 있다. 혹서엄한으로 악명 높던 대구기온과 봄여름이 갑자기 바뀌어 짧은 봄을 아쉬워하는 많은 시민들은 시내 곳곳에 과감히 녹지를 조성하고 공원을 만들어가는 환경친화적인 시정에 박수를 보내고 있다.

그중에서도 대표적인 것이 국채보상운동기념공원이다. 파격적인 설계와 노거수목에 감탄하고 대왕 참나무로 만든 녹도는 몇 번이고 되돌아서서 걷고 싶다. 다분히 감각적이고 역사적이며 홍보성도 가미한 공원 이름에 더러는 거부감을 갖는 시민도 없지 않으나 국채보상운동의 발상지인 대구의 자긍심을 이 공원을 찾으면서 조금이라도 생각해본다면 귀한 땅에 어렵사리 조성한 공원의 가치가 한층 빛날 것이다. 국채보상운동은 한말의 풍전등화와 같은 나라의 운명을 직시하고 자주, 자강의 국민운동을 전개하여 조국의 앞길을 밝힌 횃불이 되었다.

한일의정서의 체결을 합리화하려는 일제의 강압에 결연히 맞선 곳이 이곳 대구요 우리 시민이었다. 당시 이등박문이 한국의 시정을 개선한다는 미명하에 연리 6푼5리의 엄청난 고리로 일본돈 1,000만원의 빚을 지웠고 1907년에는 1,300만원으로 당시 나라의 1년 예산과 맞먹는 큰 액수로 불어났다.

이에 우리 대구에서 이 빚을 갚고 경제적인 침략을 물리치고자 남자는 담배를 끊고 절주를 하며, 여자는 절미와 패물헌납에 나섰다. 그 후 고종 임금으로부터 서민에 이르기까지 이 운동은 요원의 불길처럼 번져 나갔으니 70년대 가난으로부터 나라를 구한 새마을운동이 우리 지방에서 처음 시작한 것과 무관치 않다.

국채보상운동기념공원의 시원한 나무그늘과 휴게시설, 그리고 아름다운 분수대 주변에 앉거나 더러는 누워 자신감을 잃은 실업자들이나 남의 눈을 의식하지 않은 채 애정표현에 열중하는 젊은이들은 자랑스러운 이름의 공원에 와 있음을 한번쯤 돌아보았으면 좋겠다. 어려울 때 선조 임금도 찬물에 밥 한 덩이를 말아 밴댕이 말린 것으로 점심을 때웠다고 한다.

IMF의 고통을 겪은 것이 어제 같은데 어느 사이 사치와 과소비가 만연되어 해외여행이 넘쳐나고 고가의 수입상품이 불티나게 팔린다는 현실은 생각조차 더욱 부끄러운 공원에서의 느낌이다.

신천을 노래함

신천은 물 좋기로 소문난 달성군 가창면의 최정산 일대와 팔조령 부근에서 발원하여 금호강으로 흘러가는 지류중의 하나이다. 다만 신천이 대구의 다섯 개 구·군을 통과하면서 시가지 중심을 흘러 그 가치가 더욱 돋보인다.

그동안 두 차례의 공원화 사업과 종합개발 등 대규모 공사 끝에 오늘날의 모습을 갖추었고 환경친화적인 자연미는 잃었지만 도시의 편리성에 맞춘 인공미를 담아 새로운 모습으로 태어났다.

6·25 전후만 해도 구불구불한 물길에 뽕나무밭과 부추밭이 인근에 있었고 맑은 물에 멱 감고 언덕에 늘어진 버드나무 아래에서 고기를 잡던 용두방천 일대의 정겨운 모습을 지금도 잊지 못하는 이가 많다. 그동안 신천을 만들고 지켜오는데 애쓴 많은 사람들 중에서도 1778년 직접 신천의 물길을

바로잡기 위해 사재로 제방을 쌓아 시가지의 홍수피해를 막아준 판관 이서 공을 잊지 못한다.

그분의 공적과 제방축조 내력을 새긴 이공제비가 우여곡절 끝에 대구시 유형문화재 23호로 지정되어 보호받게 되었고 그 비각이 대로변 한 기슭에서 최근에 상동교 동쪽 옛 용두방천 부근의 판자촌을 헐고 새로 조성한 소공원으로 옮겨진 것은 참으로 다행이다. 이제사 이공제비각이 제자리에 온 느낌이다.

신천을 대구의 젖줄이라 한다. 강은 포근한 어머니의 가슴처럼 정서적인 편안함과 개발에 큰 역할을 담당하고 있다. 대구의 신천을 런던의 테임즈강, 파리의 세느강이나 서울에서의 한강의 역할에 비교할 순 없지만 완벽한 우·오수분리시설과 하루 10만 톤의 유지수로 사계절 물이 흐르고 양 어깨 위로 달리는 신천대로, 동로가 복잡한 도심의 남북을 관통하는 큰 역할하며, 잘 가꾼 고수부지에는 젊은이들의 신명나는 덩더꿍 소리와 체육시설에 매달린 아이들, 잔디밭에서 하루의 마지막 여운을 즐기는 가족과 연인들, 시원한 강바람에 여유로운 산책길, 에어로빅에 열중인 주부, 게이트볼로 노년을 보람 있게 보내는 어르신들, 수성교 밑에 한가로이 떠다니는 오리가족까지….

이제 신천은 진정한 대구의 젖줄이 되려한다. 옛날의 제 모습을 찾기는 어렵겠지만 바꿔 입은 옷으로 멋도 내고 편리성도 찾는 것처럼 시민이 사랑하고 아끼는 신천은 아파트 숲 속을 흘러가며 회색빛 시멘트 얼굴에서도 대구의 참 모습을 열어가듯 미소를 보이고 있다.

만남

해마다 광복절은 우리 민족이 가장 경축하는 날이지만 올해의 8월 15일은 그 의미가 더욱 새롭다. 분단 50년 만에 남과 북이 만남의 자리를 마련한 것이다.

서울에서 평양에서 꿈에도 잊지 못하던 혈육의 상봉은 마치 지금껏 잊고 있었던 만남이란 행위를 새삼스럽게 체험해 보는 것 같기도 하다.

우리 민족은 본래 한과 정이 가슴속을 다 차지하고 있는 것처럼 한에 목매이고 정에 울며 살아왔다. 그래서 TV를 통해 남과 북의 혈육이 만나는 장면을 보면서 같이 눈시울을 적시고 때로는 내가 그 주인공이 된 것처럼 감격하기도 한다. 이산가족 1세대가 모두 노년기에 접어들어 이번의 만남은 더욱 의미가 크고 그 시기도 잘 잡은 것 같다.

지정된 상봉장에 나가지도 못하는 불편한 몸으로 특별히

병상에서 칠순의 아들을 만난 그 어머니는 『나랑 살아』, 『가지 말아』 하는 절규로 마지막 모정을 보였다. 옛말에 눈에서 멀어지면 마음에서도 멀어진다고 했고 가까운 이웃이 멀리 있는 친척보다 낫다는 말은 사람이 자주 만나고 얼굴을 대해야 정이 깊어진다는 뜻이지만 50년이란 긴 세월동안 코흘리개 어린 자식과 생이별을 하고 가슴앓이로 평생을 살아온 어머니의 마음은 세월의 벽을 뛰어넘어 더욱 애절하고 깊은 사랑으로 타오르고 있는 것이다.

관계 학자들에 의하면 어린 아기들은 어머니와 하루 최소 4시간 이상의 살붙이를 하지 않으면 뇌의 정상적 발달에 어려움이 있다고 한다. 혈육간 특히 모자간의 헤어짐은 정을 떠나서 과학적으로도 문제가 있는 것이다. 이번 기회에 멀리 혹은 가까이 있는 가족의 소중함을 다시 느껴본다.

제나라 환공의 하인이 주인을 수행하다가 강변에서 놀고 있는 원숭이 새끼 한 마리를 잡아 왔는데 그것을 안 어미가 구슬피 울어대며 100리가 넘는 뱃길을 따라와 새끼를 껴안은 채 죽고 말았는데 그 어미의 창자가 갈기갈기 끊어져 있더라는 고사는 혈육간 이산의 아픔이 얼마나 기막히는 것을 말해주는 것 같다.

「회자정리(會者定離)」라 하여 만나는 사람은 반드시 헤어짐도 있다는 것이니 50년을 기다려 4일간의 짧은 만남에 울었던 남과 북의 이산가족은 물론, 이별의 안타까움을 간직하고 살아가는 많은 사람들에게 기다림의 끝에는 만남도 꼭 다시 올 것으로 믿는다.

이웃 여러분

「이웃 여러분, 이곳에 쓰레기를 버리지 말아주세요.」

흰 종이에 크레용으로 또박또박 정갈하게 써서 팻말을 붙여 세워둔 어느 골목 앞은 어제만 해도 온갖 쓰레기가 버려지던 곳이었으나 오늘은 이상하리만큼 말끔했다.

팻말을 쓴 사람의 진실과 정성이 슬그머니 버려지던 양심을 되담아 준 것이리라.

서로 간에 오고가는 친절한 대화와 그로 하여 주고받는 포근한 미소는 살벌한 얼음까지도 녹일 힘이 있을 것이다.

그러나 어쩌랴. 이 메마른 사회에 거칠기 짝이 없는 말들이 우리의 생활을 얼어붙게 하고 있으니 어떤 계기로든 말을 순화하는 것이 시급하다고 생각된다. 얼마 전 어느 단체의 이름으로 「남의 말 좋게 하자」라는 현수막을 만들어 게시한 것을 보았는데 그 뜻은 매우 좋으나 이왕이면 그 문구도 「남의 말을 좋게 합시다.」라고 바꾸었으면 그 구호의 의미가 좀 더 진실하게 전달되지 않았을까 생각된다.

「이곳에 쓰레기를 버리는 자는 ×새끼다」라고 살벌하게 써 붙인 구호 밑에 산더미처럼 쌓인 쓰레기를 보면서 진실과 정성이 통하는 말과 글이 살아있음을 느껴본다.

늦었다 싶지만 아직은 늦지 않은 이 시점부터라도 고운 말과 정성이 담긴 글로 우리의 생활을 순화해 나가는 것이 어느 일보다 급하지 않을까?

목련꽃을 보며

지난겨울은 이상난동에다 비가 많이 내린 궂은 계절이었음에도 3월이 되면서 어김없이 목련이 꽃을 피웠다.

대구에는 가정마다 거의 목련이 있어 굳이 시화(市花)라고 하지 않더라도 새봄이 무르익어가는 것을 제일 먼저 알리는 화사한 얼굴로 시민과는 낯이 익어있다.

목련은 잎이 피고 다음에 꽃이 피는 절차를 거치기에는 긴 겨울 끝에 맞는 봄이 너무 먼 것 같아 우선 꽃부터 피우는 대춘부의 자세가 너무 좋다.

담을 넘던 밤손님이 문득 반기는 목련꽃의 다소곳한 자세와 그 순박하고 순결한 얼굴에 마음이 움직여 얼굴 붉히며 되돌아 나갈 것만 같은 꽃이 바로 목련이다.

3월 21일부터 4월 20일까지 한 달 동안 국민식수기간이 설정되어 있다. 한그루의 나무를 심고 한포기의 꽃을 키우는 마음이 바로 오늘처럼 민생치안이 어지럽고 인심이 메말라가는 중에서도 한줄기 청량제가 되지 않을까 한다.

유난히 금년의 목련꽃이 돋보이는 것은 멀리는 21세기를 내다보고, 가까이는 희망찬 90년대를 맞는 산업사회의 일원으로서 오늘을 살아가며 느끼는 많은 생각과도 무관치가 않는 것 같다.

도시락과 걸프전쟁

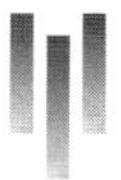

먼 나라의 전쟁이 마치 우리의 발치에서 치러지는 것처럼 요란하다. 방송마다 시간 시간 전황이 흘러나오고 생활주변에서도 짙은 화약 냄새가 풍기는 것 같다. 하지만 우리의 에너지원이 되고 있는 석유의 공급처인 중동지역전쟁은 결코 남의 나라일 만으로 돌릴 수는 없다. 우리도 전비를 부담하고 이미 의료지원단이 파견되었으며 다시 공군수송단이 나갈 것이라 한다.

무대만 다르다 뿐이지 이미 우리도 다국적군의 일원으로 세계의 평화를 위한 같은 배를 타고 있는 만큼 모두가 전쟁하는 나라의 국민이라는 자세를 잊어서는 안 될 것 같다.

차량 10부제 운행, 한 집 전등 한 등 끄기, 업소 네온사인 안 켜기, 석유배급제 등 범국민적인 에너지 소비절약 운동을 벌이고 있으나 무엇보다도 그동안 걱정스러울 만큼 과소비에 젖어온 가진 사람들의 각성이 우선되어야 할 것이다. 또 너나 없이 새로운 마음가짐으로 생활해 나가야 할 것이다.

오늘도 아내가 마련해준 도시락을 가지고 출근하면서 이 작은 일에서부터 생활의 변화와 새마음의 정착을 다짐하고 그동안 잊고 지냈던 아내의 따뜻한 정을 새로이 느끼며 나라 사랑의 아주 작은 일을 실천하고 있다는 뿌듯한 자부심으로 하루를 시작한다.

객원기자석

신천은 흐른다

지난달 중순에 신천에 나가봤다. 365일 그 자리에 있는 신천이지만 3월의 신천은 흐름이 보인다. 신천을 흐르는 유지수는 한결 같지만, 제일 먼저 봄을 알리는 신천 양 둑의 개나리가 피기 시작할 즈음이면 마른 잔디에도 생명이 돋아나는 게 보이고, 한가로이 자맥질을 하는 오리 떼의 모습이며, 손바닥 위에까지 날아오르는 비둘기 날개짓에 신천은 깨어나서 다시 흐르는 것이다.

그 동안 여러 면에서 침체된 대구를 보는 것이 안타깝다. 지하철 화재 참사이후 시정은 완전히 풀이 죽어 제 기능을 못하는 것 같고, 경제는 끝없는 추락을 거듭하고 있으며, 최근 서문시장 화재는 그나마 겨우 명맥을 유지해 오던 재래시장이 존폐의 기로에까지 이르러 서민들의 생활에 깊은 주름을 안기고 있다. 그러나 새로운 시작, 새로운 대구를 위하여 신천은 다시 흐르고 순결과 희생정신을 뜻하는 시화 목련꽃도 그 화사한 자태를 보이며 피어나고 있다.

Colorful 대구를 지향하며 개성 있는 도시 약동하는 시정으로 봄을 맞아야 한다. 오랫동안의 준비 끝에 시작된 대중교통의 혁명인 버스준공영제는 시작한지 두 달도 되지 않아 승객 100만 명을 넘고 교통카드 이용이 늘어 성공을 예감하고 있으며 지하철 1·2호선이 환승효과를 나타내어 승객이 하루가 다르게 늘어나고 있어 새로운 희망이 보이고 있다.

신천의 넓고 시원한 물길에는 천연기념물인 수달을 비롯해 수십 종의 어류와 새들이 살고, 산책로와 잔디광장 꽃과 나무가 아름다운 대구의 신천은 보지 못하고 신천을 본떠 만든 서울 청계천을 보러가는 관광객이 끊이지 않는 것은 참으로 이상하다. 또 지하철 경로용 무임승차권을 젊은이들이 부정사용하는 행위 등은 보는 이의 가슴을 아프게 한다.

그러나 우리나라 제3의 도시이고 신라시대부터 인재의 고장 영남의 중심에 서있는 대구가 제 역할을 못하고 오늘에 이른 것을 누구의 탓이라 하기엔 시간이 아깝다.

이제 모든 시민이 하나가 되어 새로운 대구를 만드는 것이 우선일 것이다. 다가오는 5·31 지방선거를 맑고 투명하게 치러 선거혁명을 대구에서부터 시작하고 대구에 대한 사랑과 긍지를 가져 꽃피는 계절 새봄에 다시 일어서는 대구의 모습을 보여야겠다.

대구의 중심인 반월당 부근 버스승강장에 그 흔한 의자도 하나 없어 차가운 돌바닥에 신문지를 깔고 앉아 버스를 기다리는 시민들의 모습이 대구의 오늘이 되어서는 안 된다.

신천이 흐르는 만큼 대구도 숨을 쉬고 다시 일어서 보자.

객원기자석

신천을 아름답게

도시에는 물이 있어야 한다. 영국에는 런던을 흐르는 테임즈강, 프랑스 파리의 세느강, 그리고 서울의 한강을 예로 들더라도 물은 처음에 인류문명의 발상지 역할을 했고, 지금은 그 도시의 젖줄이 되어 정서적인 편안함과 관광개발에도 큰 몫을 하고 있다.

특히 서울에서 청계천 복원사업을 높이 평가하는 것도 도심의 하천이 가지는 큰 가치를 다시 찾을 때가 되었기 때문이다. 대구의 신천(新川)을 그런 의미에서 새로이 조명해보면 더욱 귀중하고 자연 친화를 위한 천혜의 선물이라 할 수 있다.

신천은 물 좋기로 소문난 달성군 가창지역의 최정산과 팔조령 일원에서 발원하여 금호강으로 흘러가는 지류의 하나이지만, 도심을 통과하기 때문에 관리하기에 따라 두 얼굴의 모습으로 비칠 수도 있다.

구불구불한 물길에 주변에는 뽕나무밭과 부추밭이 있었고, 아낙네들이 빨래하는 곳에는 수양버들이 그늘을 만들어 주었으며, 물고기와 함께 뛰어놀던 용두방천의 여름아이들이 그리운 것은 시멘트 구조물로 답답하게 갇힌 신천이 건천의 특성 때문에 우기의 집중되는 물을 안아야하고 양안에 개설된 신천대로와 동로의 엄청난 교통량을 해소하는 신천의 현실을 재평가해야하기 때문이다. 완벽한 우・오수 분리와 하루 10만 톤이 넘는 유지수로 사계절 맑은 물을 볼 수 있는 것은 그래도 얼마나 다행한 일인가?

지금 신천에는 잉어, 참붕어, 피라미 등 9종의 물고기와 까치, 청둥오리, 비둘기, 논병아리 등 20여종의 새가 찾고 있고, 특히 오염되지 않는 깨끗한 물에만 서식하며 국제적인 멸종위기 동물로써 우리나라 천연기념물 제330호로 지정된 수달이 서식하고 있다는 것은 놀랍고도 자랑스러운 일이다. 이제 신천은 서서히 살아나고 있고, 그래서 대구의 유일한 수변공원으로 모든 시민에게 사랑받고 있다. 이러한 때 시민 모두는 신천을 아끼고 사랑하여 아름답게 가꾸는데 인색하지 말아야겠다. 현재 신천 둔치의 일부는 나무를 심고 잔디를 가꾸어 놓았으며 철철이 꽃을 심는 등 잘 관리하고 있으나 아직도 상동교 상류와 성북교 하류는 손을 대지 못하고 방치하고 있다.

2004년부터 상동교와 용두교사이 약 4천여 평의 고수부지에 관할구청에서 유채꽃 단지를 만들고 있는데 파종에서 꽃을 보기까지 경험부족으로 절반의 성공밖에 이루지 못했지만 신혼부부들의 야외촬영장소로 선택되는 등 사업자체는 큰 의미가 있었다. 아름다운 신천을 위해서 이런 사업은 계속되어야 하고 또 새로운 아이디어가 개발되어야 겠다.

청도 쪽에서 대구로 들어오는 첫 번째 가창교에서 금호강 하류지점까지는 크고 작은 16개의 다리가 신천에 놓여있지만 하나같이 도심의 교량을 차량과 사람이 통과하는 의미로만 건설해서 아무 특색도, 개성도 없는 모양이 되고 말았는데 다리 하나를 개설하더라도 실용적인 면과 도심의 얼굴을 생각하는 디자인 개념을 같이 살려서 신천의 멋과 아름다움을 볼 수 있도록 했으면 얼마나 좋았을까?

다리라는 것이 단순히 물을 건너는 의미만 가지고 있는 것이 아니라는 것은 요즘 관광명소로 각광받고 있는 부산의 광안대교와 안동 월영교 등을 보면 알 수 있다. 신천에 새로 건설하는 다리나 기존의 교량에도 미적디자인개념을 도입하여 아름다움을 느끼고 야간에는 조명시설을 설치하여 도심의 밤을 색다르게 했으면 좋을 것이다. 다행인 것은 대구시에서 내년도에 예산을 확보하여 보행자 전용 무지개다리 1개소를 아치형으로 설치하고 조명시스템을 갖춰 야경을 즐길 수 있도록 할 계획이라니 기다려진다.

대구지하철 1, 2호선을 건설하면서 디자인개념을 도입한 대구시가 앞으로 모든 도시건설 분야에도 아름다움을 생각하고 컬러풀한 대구건설은 우선 외적인 면에서부터 시작하여 역동하는 대구시의 모습을 보여야겠다.

그런 의미에서 볼 때 우리 신천은 자연의 아름다움과 도시의 쾌적함을 동시에 시험해 볼 수 있는 적절한 자원이자 무대가 될 수 있을 것이다.

신천을 가꾸는데 서울 청계천 복원에 드린 노력의 일부만 투자하더라도 살맛나는 대구를 위해 신천은 그 역할을 훌륭히 해낼 것이다.

객원기자석

우리 쌀을 지키자

요즘 아이들 키를 키우느라 어머니들의 성화가 대단하다. 사실 우리 아이들의 키가 점차 늘어나고 체격자체도 점차 서구화되어가고 있는 것이 통계상으로 입증돼 있다.

여기에는 서구식 음식문화와 배고프지 않고 넉넉하게 먹을 수 있는 풍성한 먹거리 덕분인 것 같다.

하지만 쌀을 먹으면 밀가루를 먹는 것보다 키가 크지 않는다는 이야기는 일제 때 군량미 조달을 위해 쌀을 덜 먹도록 하려고 어용학자들을 앞세워 허구적인 학설을 발표하게 했다는 것이 밝혀졌는데도 지금까지 쌀을 먹으면 키가 크지 않고 또 머리가 나빠진다는 등 쌀에 대한 부정적인 생각으로 쌀 소비가 점점 줄어들고 있어 쌀의 문화와 쌀로 지탱해온 한국민의 정신구조에도 혼란이 올까 우려된다.

반대로 밀가루와 고기중심의 식생활을 즐기던 미국인들은

심각한 비만과 성인병에 시달린 끝에 점차 쌀을 중심으로 한 식생활로 바뀌고 있으며, 쌀 소비가 꾸준히 늘어나고 있다고 미국 농무부와 쌀 협회 관계자들이 발표한 바 있다. 쌀은 우리의 생명을 지켜온 오랫동안의 양식이요, 그 쌀을 생산한 토지는 우리 몸의 일부처럼 소중히 여겨왔다.

그런데 한국인의 쌀 소비량을 보면 1995년에 4,777천 톤이던 것이 2004년도에는 3,943천 톤으로 줄었으나, 미국의 경우 1995년의 7,886천 톤에서 2004년에는 10,469천 톤으로 10년 동안에 133%의 늘어난 소비량을 보이고 있다. 이는 쌀이 건강을 지키는 식량으로 인식되어진 결과이다.

우리 농촌에는 지금 두 가지 어려움으로 쌀농사가 존폐의 기로에 서 있다.

첫째는 농촌인구의 고령화로 쌀 생산에 필요한 인력을 구하기 어려움이요.

또 하나는 서구화 되어가는 식사 패턴과 FTA협상에 따른 수입쌀의 등장으로 우리 쌀의 소비가 줄어 농가 소득이 감소하는 이유이다. 아무리 국민들이 쌀을 적게 먹고, 쌀로 얻은 소득이 전체 국가 생산액에 큰 비중을 차지하지 못한다 하더라도 쌀은 국민의 생명을 유지하는 근본이요, 토지는 나라의 기반임을 부인할 수 없다. 맛이 좋다고 소문난 미국산 칼로스 쌀도 막상 국내에 들어와 시식해보니 우리 쌀맛보다 떨어지자 공매에 아무도 찾는 이가 없어 가격을 인하하는 사례가 나오고 거기다 중국 쌀까지 들어온다. 하지만 이런 수입쌀들은 우리 땅에서 우리 농민들이 정성들여 지은 쌀농사에는 미치지 못할 것이다.

쌀의 소비를 위해서는 먼저 전 국민이 우리 쌀을 먹는다는 의지를 다지고, 농정 당국은 생산자의 소득보전을 위해 최선을 다하며 쌀국수와 쌀 과자 쌀로 빚는 술 등 쌀 소비전략도 꾸준히 연구해야 할 것이다.

소나무의 쇠못을 뽑자

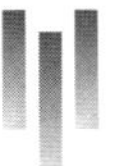

대구시 동구 효목동 234번지 일대 76,200㎡에 달하는 망우당 공원에는 임진왜란 때 전국 최초로 의병을 일으키고 경상도 여러 곳에서 신출귀몰해 왜병을 무찔러 천강홍의장군(天降紅衣將軍)이란 칭호를 받은 망우당 곽재우 장군의 동상과 유물관이 있어 많은 시민들이 찾아 사랑하는 공원이 되고 있다.

금호강이 흐르는 동촌유원지와 영남제일관 그리고 조국광복에 많은 역할을 한 등록문화재 제4호인 조양회관(朝陽會館)이 있고 인근에는 지난 6월 13일 개관한 '임란의병관'과 그 이틀 뒤에 준공된 높이 45m의 '항일독립운동기념탑'이 있는 대구의 이름난 공원이자 호국정신의 교육도장이기도 하다.

그런데 이 곳 망우당공원 내 곽재우장군 동상이 있는 곳에 관할 동구청에서 지난 3월 소나무 재선충병 예방수간주사를 시행하였다.

소나무 재선충병은 우리 민족이 가장 아끼고 좋아하는 소나무의 에이즈라 할 만큼 치명적인 병으로 이웃 일본에서는 이 병으로 모든 소나무가 거의 전멸했고, 우리나라도 엄청난 피해를 보고 있어 이에 대한 대책이 시급한 편이나 현재까지는 별로 확실한 대책이 없는 실정이라 한다.

그래서 차선의 예방책이라도 쓰지 않을 수 없는데 망우당 공원에 있는 잡목들 사이 많지 않는 소나무에도 예방수간주사를 시행하는 것은 매우 잘한 일이다.

하지만 소나무 지름이 10㎝남짓한 시행목에다 가로 8㎝ 세로 6㎝ 정도의 표찰을 포기마다 부착하면서 5.4㎝의 굵은 쇠로된 나사못을 박아 놓아 나무의 생육에 막대한 지장을 주고 있다. 성목이라 하더라도 살아있는 나무에 쇠못을 박은 것은 잘못된 일이다.

'아바멕틴'이란 사용약제가 공원을 찾는 시민들에게 치명적인 약해가 있는 것이 아니라면 구태여 살아있는 나무마다 하나하나 쇠못을 박아야 할까?

그 지역에 따로 표지판을 세워도 되겠고, 아니면 아주 작고 가벼운 표찰이니만큼 끈으로 매어도 가능할 것 같은데 무지막지하게 살아있는 나무에 쇠못을 박은 것은 당장 제거, 시정돼야 할 것이다.

객원기자석

천연기념물 1호와 대구

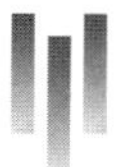

대구시 동구 도동산 180번지에 있는 향산(해발 160M)의 북쪽 산비탈에 높이 100여 미터 길이 600M의 깎아지른 듯한 바위산 낭떠러지 1만여 평에 측백나무 군락지가 형성되어 있다.

이곳이 바로 우리나라 천연기념물 제1호로 지정되어 있는 '달성의 측백수림'이다.

지금은 대구-포항간 고속도로 도동IC에서 평광동 쪽으로 1㎞정도 들어가면 바로 볼 수가 있다.

2004년 5월 14일에 제주 수산리의 곰솔이 천연기념물 제441호로 지정된 것에 비하면 천연기념물 제1호는 대구가 지닌 큰 자랑거리가 아닐 수 없다.

천연기념물은 학술상 가치를 가졌고, 수적으로 드물고 귀하여 관상적으로 가치가 높아 그 보호 및 보존을 법률로 지정한 동물의 종과 서식지, 식물의 개체 및 종과 서식지 지질과

광물 따위의 천연물 그리고 명승 등을 말하는데 대구에는 제1호인 측백수림과 435호로 지정된 달성비슬산 암괴류가 있고 이미 지정된 천연기념물 중에는 368호인 경산 삽살개, 53호인 진도의 진돗개 최근 대구신천에서 서식이 확인된 330호 수달과 전 국민의 관심이 집중되어 있는 독도천연보호구역(제336호) 등이 있다.

이처럼 천연기념물은 우리 생활에서 가까이 있고 인간의 삶에 중요한 위치를 차지하고 있다.

천연기념물을 잘 관리하고 보전하면 우리의 삶에도 천연기념물이 지닌 가치만큼의 보람이 있는 것이다.

도동에 있는 '달성의 측백수림'이 그 귀한 천연기념물 1호로 지정된 의미는 여러 가지가 있겠지만 1962년 12월 3일 지정될 당시 원산지가 중국으로만 알았던 것이 우리나라에도 자생하고 또 생장지역의 남방한계지가 대구라는 데서 식물지리학적으로 중요한 가치를 지니고 있었고 1934년경만 해도 100년 이상 묵은 수천 그루가 방대한 면적에 무리를 지어 성장하고 있었다.

대구가 낳은 대학자인 사가 서거정 선생이 대구 10경을 노래할 때 그 6경에 해당하는 경치로 측백수림 아래 대구에서 경주로 가는 길이 있었고, 맑은 계곡수가 흘러 행인의 피로를 풀어준 곳이었다고 했다.

지금도 불리고 있는 달구벌(達句伐)은 신라 신문왕 9년(689

년)에 신라국의 천도 대상지로 꼽히기도 했던 곳이다.

고대로부터 지금까지 대구는 우리나라 정신문화의 본거지이며 올곧은 선비정신으로 지탱해온 자랑스러운 영남의 중심지였다.

국난을 당했을 때는 목숨을 걸고 일어섰고 불의와 정의를 구별할 줄 아는 의로운 고장이다.

그러나 대구에는 대구를 지탱해온 긴 역사와 자랑스러운 삶이 있었지만 오늘날 그 귀한 자료들이 많지 않다. 국립대구박물관과 지역의 몇몇 대학에서 일부자료를 가지고 있지만 숨어있고 흩어져있는 문화자료를 수집하는데 너무 인색하다.

그 한 예로 대구에서 고서를 취급하는 회원들의 한결같은 이야기는 보관할만한 가치가 있는 귀중한 문헌들은 모두 중앙에서 수집해가고 대구는 그 방면으로는 텅 비었다는 것이다.

도시의 근대화와 산업화에 따라 물질적으로 풍요한 것이 잘 사는 것이기도 하지만 문화에 뒤진 삶은 결국 기초 없는 사상누각에 불과하다.

다행히 새로운 대구시장은 취임사에서 격조 높은 문화예술도시를 지향하여 시민의 삶과 질을 높이겠다고 하며 대구문화재단을 설립하여 문화도시의 터전을 닦는다고 했으니, 그 터전 위에 역사와 전통에 걸맞은 대구를 만들어야 겠다.

천연기념물 1호를 가지고 있는 대구가 진실로 문화를 아끼고 이해하는 시민 모두의 힘으로 새롭게 태어날 것을 기대한다.

천연기념물 1호인 「달성의 측백수림」은 특별한 보호대책을 세워 그동안의 남벌과 훼손 끝에 얼마 남지 않은 측백나무를 보호하기위해 섞여있는 잡목들을 제거하고 생육환경을 만들어 주며 천연기념물 1호에 걸맞은 대우를 해야 한다.

먼저 측백수림을 상세하게 소개하는 대형안내판을 새로 만들어 세우고 학생 및 시민들이 방문할 때 편의시설을 보완 설치하고 측백수림을 중심으로 인근에 있는 용암산성 고운최치원선생의 문창공 영당 옻골경주최씨종가, 불로동 고분군, 신숭겸장군 유적 등을 관광벨트로 묶어 볼거리를 만드는 것도 고려해 볼 일이다.

천연기념물 제1호가 무엇이며 어디에 있는지는 시민들도 알아야 할 권리이기도 하다.

객원기자석

늑장 수해복구

신천은 대구시민들이 아끼고 사랑하는 수변공원이다.

도시생활에서 공원이 가지고 있는 의미는 남다르지만 특히 도심을 통과하는 물이 있고, 그 주변에 조성된 공원은 천금과도 바꿀 수 없는 귀한 존재다.

대구의 신천 상류인 가창교에서 금호강 합류지점까지는 크고 작은 열여섯 개의 다리가 놓여 제 나름대로의 역할을 하고 있다.

다리에 얽힌 전해오는 얘기 중에 경주 남천에 있었던 느릅나무다리는 우리나라에서 가장 오래된 다리이며 원효대사가 이 다리 위에서 일부러 물에 빠져 당시 홀로 살던 신라태종의 요석공주와 로맨스로 그 유명한 설총의 탄생을 이루었다는 설화가 있다.

비가 귀한 대구에서도 지난 7월에 있었던 폭우로 가창교

하류 300여 미터 지점에 놓여있던 이름도 없는 조그만 잠수교 일부가 파손되어 다리의 기능을 못하고 있다.

이 다리는 그야말로 징검다리를 겨우 면한 잠수교 형태의 작은 규모인데 달성군 가창면 용계리와 수성구 파동을 잇는 아주 쓸모 있는 다리여서 지역 주민들의 사랑 속에 이용되고 있었다.

한 여름 더위를 쫓기 위해 밤이면 다리 위에 사람들이 모이고, 때로는 좋은 산책로가 되기도 했다. 그 다리가 파손되어 제 기능을 못하자 사람들은 할 수 없이 가창교로 우회할 수밖에 없었다. 1㎞도 안 되는 우회로이지만 이용해보면 그렇게 불편할 수가 없다.

강원도 및 중부지역의 혹심한 수해피해도 어느 정도 복구되었고 이제는 북한의 수해복구까지 걱정하게 되었는데도 대구의 신천에 부서진 아주 작은 다리에는 손도 대지 않고 있어 주민들의 원성이 대단하다.

지난봄부터 신천 고수부지에는 인근에 신규 입주한 아파트 주민들이 너도 나도 고추, 호박, 채소 등을 경작해 수확을 시작할 때쯤 그때서야 관할 구청에서 하천법 제71조 운운하면서 처벌을 예고하는 안내문을 내걸더니 장마에 냇물이 쓸려가 버리는 통에 주민들과 다툼 없이 깨끗하게 해결이 되었지만, 무너진 다리는 그렇게 늑장행정으로는 해결될 문제가 아닌 것 같다.

불가에서도 월천공덕(越川功德), 즉 냇물을 건널 수 있게 다리를 놓아주는 일이 어떤 덕을 쌓는 것 보다 크다고 했는데, 조금만 신경을 쓰면 금방 해결할 수 있는 작은 일을 작다고 방치하여 그것을 이용하는 주민들은 큰 고통을 받고 있다.

관계 행정부서에서는 이 잠수교의 복구를 조속히 시행해 많은 주민들의 불편을 덜어줘야 할 것이다.

또한 신천고수부지 관리에도 보다 합리적이고 항구적인 대안을 마련해 해마다 되풀이 되는 땜질식 수해복구를 지양함이 옳다.

산을 오르며

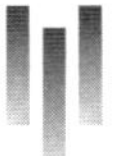

영국의 유명한 산악인 죠지 멜로리는 "산이 거기 있으니까!" 라고 등산 이유를 밝혔다. 주5일 근무제 실시와 웰빙 생활을 위해서 산을 찾는 사람들이 부쩍 늘었다.

모두들 나름대로의 등산 이유가 있겠지만, "왜 산에 가느냐?"고 물을 때 멜로리의 등산 이유보다 더 멋진 정답이 있을까?

우리에게 산은 무엇인가? 영원불멸의 자세로 항상 가슴을 열고 사람들을 받아드리는 산의 의연함은 한 두 번이라도 산에 올라본 사람은 다 느낄 수가 있으리라. 건강을 지켜주는 산, 상쾌한 삼림욕에 심신이 가벼워질 때 산의 고마움을 느낀다. 건강이 좋아지니까 기분도 좋아지고 그러다보면 삶 자체가 즐거워진다. 모든 것이 산이 사람들에게 베풀어주는 무한한 사랑이다. 사람들은 산이 주는 넓고 깊은 사랑을 그냥 받기만 하고 또 당연시해서는 안 된다.

호들갑스럽게 자연보호를 외치면서도 막상 손길로 실천은 해보지 못하는 사람이 너무 많다. 아름다운 자연은 그 자연이 제대로 자리를 지키고 있을 때 찾을 수 있으며, 자연이 제자리에서 제 몫을 다할 때 사람들은 건강도 얻고 호연지기의 기상도 지킬 수 있다.

자연, 특히 산은 우리에게 정직함을 가르치고 믿음과 인내를 몸으로 느끼게 한다.

전국을 발로 누비며 "대동여지도"를 만든 고산자 김정호 선생을 생각하면 어렵게 산 정상에 섰을 때 사방으로 내려다 보이는 전경들이 더욱 의미가 있다. 어느 책에서 이런 글을 읽은 적이 있다. "여행가서 가져올 것은 추억이요, 남길 것은 발자국뿐이다." 참으로 멋진 말이다. 안 온 듯이 다녀가는 등산객들을 위해 산은 더욱 깨끗하고 정겨운 모습으로 우리 앞에 다가올 것이다.

흔히 산길을 걷다보면 생각 없이 버린 휴지며 쓰레기가 널려있다. 땀이 나고 힘들 때, 혹은 잠시 달디 단 휴식 중에 피로를 덜어주는 음식을 먹고 거기서 발생하는 쓰레기는 자기 배낭 속에 넣어 오는 것이 산을 오르는 사람들의 기본예절이다. 쓰레기를 남이 볼까봐 으슥한 나무 밑이나 바위틈에 숨겨 놓는다면 그 쓰레기는 썩어 아름다운 자연을 파괴하는 주범이 된다.

스티로폼 한 조각이 그렇게 바위틈에 숨었다면 앞으로 500년이 지나야 자연분해 된다는 엄청난 사실을 알고 내 쓰레기는 반드시 되가져가자.

등산 중에 운 좋게 산 더덕을 몇 뿌리 캤다는 둥 자랑하는 못난 사람들을 보는데 이런 산야초를 찾는 눈길로 우리 국민이 가장 좋아하는 소나무의 재선충 감염여부도 발견한다면 산을 오르는 또 다른 의미가 될 것이다. 숲이 건강해야 산이 살고 삶이 풍요로워진다.

산이 좋아 산을 오르는 사람들이 먼저 산을 사랑하고 숲을 키우자.

객원기자석

도토리나무, 수난의 계절이…

도토리는 참나무과에 속하는 졸참나무, 상수리나무, 떡갈나무, 갈참나무, 물참나무 등의 열매를 같이 말할 때 부르는 이름이다.

참나무가 우리들 주변에 흔하고, 어린 시절부터 자주 만져볼 수 있는 것이 도토리이기 때문에 어른이 되어서도 도토리 줍던 시절의 정겨운 추억을 잊을 수가 없다. 또 그것뿐이 아니다. 담백하고 구수한 도토리묵은 나이가 들수록 그 진가가 느껴지고 요즈음 웰빙식품으로 추천되어 인기를 얻고 있다.

도토리묵은 오장육부와 뼈를 튼튼하게 하고 몸속의 중금속을 해독하며 피를 맑게 하는 효과까지 있다니 요즘같이 문제가 많은 먹거리 중 이만한 게 어디 있으랴. 특히 참나무는 그 나무대로 특성이 있어 우리 국민들에게 소나무 다음으로 좋아하는 나무이고 우리 산야에 흔히 보이는 나무로 친근감이 있고 병충해에 강하며 가을이면 식용이 가능한 열매까지 달려 더 더욱 사랑을 받고 있는 나무이다. 그래서 예부터 궁궐 담장 안에도 참나무를 심었고, 지금도 창경궁 등 고궁에는 오래된 참나무가 많이 있다.

여러 가지 이유로 사랑받는 이 나무가 단지 도토리가 달린다는 그 하나 때문에 가을이 되면 온갖 수난을 당하고 있다.

도토리 열매가 제대로 익어서 땅 위에 떨어질 때 다람쥐 등 산짐승들이 한겨울 양식으로 가져가고 남은 것이 있으면 주워다 도토리묵도 해먹고 기호품으로 가질 수도 있을 것인데 도토리가 채 익기도 전에 나무를 흔들고, 큰 돌로 두드리고 그것도 모자라 나무 위에 올라가서 막대기로 휘저어 아직도 설익은 열매를 모조리 털어버린다. 그 과정에서 나무껍질이 벗겨지고 가지가 부러지는 등 나무로서는 견딜 수 없는 수난을 당한다.

작년 가을 대구 동촌 강변에 있는 망우당 공원에서 막대기로 도토리를 털고 있는 50대 후반의 두 남자를 말리다가 자칫 봉변을 당할 뻔하기도 했다.

그 뿐이 아니다. 도심 한복판에 가로수로 심겨져 있는 은행나무에도 가을이 되면 탐스러운 열매가 달린다. 이 열매는 엄연히 자치단체의 재물이건만 욕심이 난 주민들이 몰래 따기도 하고 심지어는 나무 밑에 트럭을 대어놓고 깡그리 털어가는 사례도 있다니 정말 기막힌 일이다.

대구 동구청의 경우 노인일자리 사업의 하나로 각 경로당에서 참여 신청을 받아 노인들이 열매를 따서 거기서 생기는 주당 1만 원 정도의 소득을 사업에 참여한 노인들에게 지급한다는 일석이조의 좋은 사업을 시행한다고 한다.

충북 영동의 감나무 가로수에 이맘때쯤이면 감이 붉게 익어갈 것이다. 또 대전에 있는 충남도청 앞 화단에 심어진 사과나무에 탐스럽게 달린 사과는 과일 이상의 역할을 하고 있다.

이 모든 것은 바로 시민들의 의식 수준이 성공여부를 판가름 할 것이다.

객원기자석

10월이 노인의 달이라는데…

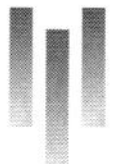

10월 2일이 노인의 날이라고 달력에 조그맣게 찍혀있다.

하지만 모두들 그냥 무심히 지나치고 말았다.

1990년도에 유엔총회에서 10월 1일을 국제 노인의 날이라고 정하였고, 우리나라도 1997년에 10월 2일을 노인의 날로 정하였다. 10년이 채 안 되는 짧은 연륜이라 아직 이 날을 기억하는 사람이 많지도 않을 뿐 아니라 국가에서도 별다른 홍보나 행사가 없어 그냥 달력의 장식에 불과한 날이 되어버렸다. 그런데 이 달 10월을 노인의 달이라 하여 생색이라도 내듯 관공서 벽에 현수막은 걸려있지만 정작 알맹이는 아무 것도 없다.

고작 몇 군데 노인복지회관에서 사물놀이, 노래자랑, 발마사지, 영정사진 찍어주기 등을 하고 있으나 과연 노인들이 얼마나 참여하는지도 궁금하다.

노인의 수명은 늘어나고 출산율은 점점 줄어 장래 국가의 존립마저 걱정되고 있는데 노인세대는 점점 늘어나고만 있다.

사오정이니 오륙도니 하는 자조적인 은어도 있으나, 일자리를 놓치고 방황하는 젊은 실버세대가 참으로 딱하다.

유럽의 경우 19세기 프러시아 제상이던 비스마르크는 이미 117년 전에 정년과 연금제도를 창설하여 노후를 보장해 주었는데 평균연령이 지금보다 훨씬 낮은 그 때에 65세가 정년이었다니 정말 부럽다.

옛날 우리나라에도 정년제도가 있었다.

공직에 있다가 나이 70이 되면 치사라 하여 현직에서 물러나고 임금이 직접 궤장을 내려주고, 몇 등급 품수를 내리긴 해도 급료와 종전의 명예를 보장해 주었다는데 지금 대부분의 노인들은 일할 수 있는 젊은이들로부터 도움을 받아야하는 애물단지가 되었다.

그러나 "人은 老로 쓰라."는 옛말이 있듯이 노년의 경륜이 이 사회를 이끌어가고 나라를 지킨다는 사실을 잊어서는 안 된다. 망망대해로 항해를 할 때 돛을 달고 올리는 것은 젊은이들의 힘으로 할 수 있지만 키를 잡는 것은 노인이어야 할 수 있는데 이것이 곧 노인의 역량을 비유하는 말이다.

충(忠)과 효(孝)는 우리 가정과 나라를 지탱해 나가는 근본이요 그러한 충효사상으로 삶을 이어온 이 시대의 노인들은 지금 급격한 시대의 변화에 당황하고 방황한다.

결혼은 해도 아이를 낳지 않겠다는 젊은이들, 병든 부모를 봉양하지 않는 가정파괴 현실은 더욱 실버세대를 슬프게 한다.

로마의 철학자 키케로는 노년이 처참해지는 네 가지 이유로 첫째 체력의 저하, 둘째 사고와 행동의 소극화, 셋째 쾌락의 증발, 마지막으로 다가오는 죽음의 그림자를 들고 있다.

그러나 초 고령화 사회에서 아직 노인들은 각자의 위치에서 해야 할 일이 있고, 또 노년의 역량을 발휘하여 가정과 사회와 국가의 바른 길을 위해 과감히 키를 잡아야 한다.

나이는 숫자에 불과하다고 생각하며 마지막 열정을 불태울 것을 기대한다.

보도에 의하면 신혼 이혼보다 황혼 이혼이 더 높다고 한다. 아직도 일과 사랑에 보다 적극적인 실버세대의 또 다른 면이 보이는 것 같아 슬프지만은 않은 묘한 감정이 느껴진다.

객원기자석

노인 일자리 박람회에 가보니

일본의 한 청량음료 회사에서 노인들에게 일을 시키고 있었는데 그들이 하는 일이란 빈병을 씻는 것이었다.

일의 성질상 임금이 너무 싸다하여 최저 임금에도 이르지 못해 심의위원회에서 일의 존폐가 논의되자 백발의 근로자들이 몰려가 진정을 했다.

"우리는 돈을 벌기 위해서만 일하는 것은 아니다. 오히려 빈병 씻는 것을 구실로 하여 못된 며느리들 욕도 하고 옛날 좋았던 시절을 서로 자랑하며 여생을 즐기고 모자라는 운동도 이 기회에 하는 것이니 절대 폐지는 안 된다."

정말 노인들의 일은 그것이 짐이 되어서도 안 되고, 절실한 생계 문제가 달린 것이 되어서도 안 된다.

우리나라에서 2004년도 한국보건사회연구원의 노인 생활실태 및 복지 욕구 조사 결과에 의하면 65세 이상 남성 노인이 취업하고 있는 이유는 생계유지를 하기 위한 돈이 필요해서라는 게 67%나 된다니 이웃 일본의 노인들이 일하는 것과는 너무나 거리가 있는 것 같다.

필자는 지난 10월 24일 EXCO에서 열린 2006 대구 노인 일자리 박람회에 '이력서 대필' 자원봉사자로 참여했었다.

'노풍당당 활기찬 노년!'이란 구호 아래 개최된 야심찬 행사에 120여개 업체에서 1천300여명의 일자리를 만들어 놓고 60 이상의 노인들을 대상으로 한 대규모 취업 박람회였다.

개막 3시간 전부터 밀려들기 시작한 구직노인들은 오후 4시까지 수천 명이 되어 대성황을 이뤘다.

이력서를 대필해준 대상자 중에는 최고 82세나 되는 노인이 있었고 또 건강이 걱정스러운 분이 너무 많았다. 그럼에도 불구하고 대구 전역에서 일할 곳을 찾아 이곳에 온 노인들을 보니 그 심각성이 몸에 와 닿았다.

신청 동기도 자기 발전이나 지역사회 발전기여 보다 거의 전부가 경제적 도움이 될까하고 나왔다니 더욱 가슴이 무거웠다.

기력이 좋은 젊은이들이 일하기 편한 서비스업이나 사무직으로 옮겨가고, 생산은 자동화된 기계가 맡았지만 그 틈새 빈자리는 노인들의 손이 필요할 것도 같지만 엄청난 숫자의 구직자에 비하여 모집 인원이 턱 없이 적었고 직종도 경비, 청소, 미화 정리, 단순 노동 등 한정돼 있는데다 급여도 정말 보잘 것 없었다. 그나마 업체에서 요구하는 자격 요건을 갖춘 인원을 다 구할 수도 없다 한다.

채용 박람회가 실속 없었다는 것은 본보 10월 24일자 기사를 인용해 보면 대구종합고용안정센터 상반기 채용 박람회에서는 232곳 업체에서 817명을 채용키로 했으나 박람회에 응모한 1천 17명 중 겨우 163명만 취업이 됐다니 이번 노인 일자리 박람회에서는 몇 명이나 채용될 지 걱정이다.

세계적으로 이름 난 전기 전자 회사인 화란의 필립스는 체계적으로 노인 인력을 개발해 경영 이득을 올리고 있다니 우리가 타산지석으로 받아들여야 할 것 같다.

늙으면 뇌에서 손끝을 조작하는 전달 속도는 느릴 수 있지만 지능과 적성의 경륜은 노인의 역량으로 크게 평가해야 한다.

많은 업체에서 다만 몇 사람이라도 노인에게 일자리를 제공해 그들의 여력을 개발한다면 고령화 사회에 슬기롭게 대처할 수 있을 것이다.

또한 1년에 단 하루, 그것도 몇 시간을 위해 3개월의 준비와 엄청난 경비를 투자해 행사를 위한 박람회란 인상을 주기보다 이 기구를 상설화 해 구인 업체와 구직 노인들이 정말 능력과 적성에 맞는 일자리를 차분하게 선택할 수 있도록 해야겠다.

노인들의 권위가 무너지고 아직도 남아있는 그들의 지혜와 상식은 그냥 놀릴 수밖에 없어 국가적인 손실도 크지만, 아무 일이라도 해야겠고 주는 대로 임금을 받아 생계를 해결해야 하는 많은 노인들, 그 중에서도 나 몰라라 하는 자식들 때문에 홀로 있어도 기초생활수급자로도 선정되지 못하는 많은 노인들을 위해 노인 일자리 박람회가 최후의 보루가 되었으면 좋겠다.

고천원(高天原)공원의 홍살문

경북 고령군 고령읍 지산리 산120번지 가야대학교 교내에 고천원 공원이 있다. 고천원 공원은 일본 건국신화 속에 등장하는 몇몇 신들이 이곳에 머물렀던 곳이라 하여 이를 기념하기 위해 지난 1999년 6월 29일 만들어진 공원이다.

고령은 일찍 대가야의 도읍지로 서기 42년에 건국되었고 562년에 신라 도설지왕에게 멸망될 때까지 16대왕 520년간 찬란한 고대문화를 꽃피운 곳이다. 지금도 지산동 고분군을 비롯해 대가야 박물관, 악성 우륵을 기리는 우륵 박물관, 양전동 암각화, 벽화고분 등이 역사의 발자취를 보여주고 있다. 또한 임진왜란 당시 영남 3대 의병장 중의 한사람으로 어려운 여건에서 의병을 규합하여 거창, 고령 등에서 빛나는 전공을 세운 김 면 장군의 유적이 있고, 영남학파의 종조로서 성리학의 정착과 후진 양성에 힘쓴 점필제 김종직 선생의 종택이 있는 고대 역사와 충효정신의 산 교육장이라고 할 수 있다.

이곳에 건립된 고천원 공원은 어떤 곳인가?

일본서기(日本書記)에 나오는 신화에서 하늘세계를 다스리는 것은 고천원인데 이는 왕권지배의 정당성을 상징하고 천상의 신성한 세계를 뜻하는 것으로서, 일본왕의 조상이 살았던 곳이라 하는데 그 고천원이 하늘이 아닌 한국의 고령이라고 일본 스쿠바대학의 마부치 교수가 주장한데서 시작된다. 그 이전에 지역의 모 향토사학자가 일본의 우두산(牛頭山)이 가야산의 우수리(牛首里)에 해당된다면서 고령이 고천원 고지임을 주장했었다.

일본 고대분야 권위자라 칭하는 마부치 교수는 "천손(天孫)이 한국에서 건너왔고 서방에 있는 산중분지가 고령이다"라는 논문을 썼는데, 이 논문을 읽은 이 지역 대학총장이 교내에 고천원비를 세우고 이곳이 고천원고지(高天原故地)임을 알리는 높이 6m, 폭 2m의 비석과 고천원시비 그리고 일본의 와까비(和歌碑)가 세워져 있고 일본냄새가 물씬 풍기는 석조물이 설치돼 있다.

그런데 학교 정문을 들어서면 고천원 공원 입구에 철근 시멘트 콘크리트로 제작된 우람한 홍살문이 버티고 있다.

홍살문은 우리나라에서 능묘나 궁전, 또는 관아와 마을 등 정면에 세운 붉은 물감을 칠한 나무문인데 붉은 단청은 신성한 의미와 악귀를 쫓는다는 뜻이고, 홍살문이 세워진 곳은 모두가 경배(敬拜)하라는 의미이다.

홍전문(紅箭門)이라고도 하는데 둥근 두 개의 기둥과 지붕 대신 화살모양의 장식 위에 우리 고유의 태극문양을 설치한다. 이 홍살문은 신라 때부터 시작해서 고려를 거쳐 조선 성종임금 당시에는 유교를 정치이념으로 하면서 충효사상과 열녀정신을 최고의 덕목으로 해 수많은 정려를 하고 많은 홍살문을 세웠다.

홍살문은 당시 최고의 가치관인 충과 효와 열부의 상징이었으므로 개인은 말할 것도 없고 가문의 크나큰 영광이요, 자랑이었고, 만인의 삶의 목표가 될 만큼 한국적인 것이었다.

우리나라 최초의 홍살문은 충남 공주시 소학동에 있는 '효자 향덕의 비'라고 전해온다. 삼국사기와 삼국유사에는 향덕(向덕)이란 사람이 신라 경덕왕 14년(755년) 극심한 흉년으로 그 부모가 굶주리고 병이 나자 자기의 넓적다리 살을 베어 병을 고쳤다 한다. 이를 왕이 전해 듣고 벼 300석과 집 한 채 그리고 전답을 하사하고 그 효행을 돌에 새겨 모두가 본받으라 하였다.

일본왕실의 선조가 살았던 곳이라 해 고천원에 세워진 신계보비(神系譜碑)에는 고천원의 당위성이 적혀 있다. 고천원고지비 제막식 때는 마부치 교수와 일본의 학계 60명, 일본인 500명이 참석했다하며 지금도 매년 1회 고천원제가 열리고 있다. 그러나 아직도 한국학계에서는 이를 인정하지 않고 있다.

한·일 두 나라간의 우호 증진을 위한 일본의 고유단체 및 한국의 대학 관계자의 의도는 이해가 된다 하더라도 꼭 그곳에 우리나라 충효정신의 지주와 같은 홍살문을 세워야 할까?

객원기자석

대구 버스승강장 시설보수 행정기관 · 업체 '나 몰라라'

대구시 동구 청구네거리 부근 송라신협 건너편 버스승강장에 설치된 노선 및 경유지 안내판이 없어진 지 수개월이 지났는데도 행정관서나 버스노선 안내판을 관리하는 업체에서는 나 몰라라 하고 있어 버스 이용객들만 큰 불편을 겪고 있다.

이곳을 통과하는 버스 노선은 8개가 있는데 특히 동대구역, 고속터미널, 동부시외버스정류장 등 주민이 많이 이용하는 주요 경유지가 있어 노선 및 경유지 안내판이 반드시 있어야할 곳인데도 불구하고 안내판이 없어진 채 방치되고 있다.

특히 이른 아침이나 늦은 밤에는 인근 가게가 문을 열지 않았거나 닫아버려 목적지 운행버스 번호를 물어 볼 수도 없어 그 불편함은 더욱 크다.

부산에서 모처럼 대구에 사는 딸네 집에 왔다가 돌아간다는 김 모(56)씨는 "동대구역으로 가야하는데 버스 번호를 몰라 몇 번이나 차를 놓쳐 기다리고 있다"고 불평했다.

지난 2006년 2월에 대구시내버스 운행의 혁신이라 할 수 있는 준공영제를 실시한 후 대중교통에는 많은 변화가 왔고 성공적이었다. 버스와 버스, 버스와 지하철간의 교통카드를 이용한 무료 또는 할인 환승제가 적용되어 편리한 점은 있으나 운행버스들의 대 시민 서비스는 오히려 전보다 못하다는 여론도 있다.

지정된 노선을 의무적으로 운행하는 것도 중요하지만 승객이 타고 내릴 때 불편하지 않도록 배려하는 마음이 더욱 필요하다. 친절하게 승객 한 사람이라도 더 태워 회사의 수익을 올리는데 노력하는 자세가 없어서는 준공영제도 성공하기 어렵기 때문이다.

또한 대구시내 전역에 걸쳐 승객이 이용하는 안내판 등은 수시로 확인하여 없어지거나 마모된 것은 즉시 보완해야 할 것이다.

객원기자석

달리는 폭탄, 위험한 공사차량

정부의 1.11대책으로 부동산 경기가 어렵다 해도 대구의 수성구 범어네거리 인근을 비롯해 아파트를 건축할만한 곳은 모두 공사를 시작한 듯 온통 아파트 건축이 붐을 이루고 있다. 이에 따라 공사로 인한 불편을 인근 주민들과 많은 시민들이 감내하고 있다.

비산먼지와 소음, 그리고 주변의 주택들이 마당이나 벽에 진동을 느끼는 등 직접적인 피해도 생기고 있지만 멀리 떨어진 달성군 가창지역은 덩달아서 아파트 공사의 피해를 보고 있다. 공사장에서 파낸 흙을 실어 나르는 대형트럭들이 가창지역 쪽으로 꼬리를 물고 달리는데, 문제가 한두 가지가 아니다.

첫째, 과속으로 인한 불안한 도로 교통이다.

이곳은 지역 전반에 걸쳐 유원지 시설과 화상 경마장, 온천시설, 유명한 대형 생수장과 그리고 청도군을 비롯한 남부지역으로 통하는 교통의 요지인데 흙과 돌을 만재한 대형트럭들의 무서운 질주는 대형교통사고 위험을 항상 안고 있다.

둘째, 교통신호의 무시다. 이른 아침저녁은 말할 것도 없고 낮 시간에도 공사차량들은 정지신호는 안중에도 없이 그냥 지나기가 일쑤이다.

다음에는 적재물 관리이다.

근래 운행하는 공사차량에는 화물 덮개장치가 되어있어 짐을 적재 후에는 자동으로 덮도록 되어있지만 일부차량에선 과적이 되어 돌과 흙이 길바닥에 쏟아지는 경우도 있어 위험천만한 상태이다.

이처럼 공사 차량들이 위험한 폭주를 하고 있는 것은 차량의 운반횟수에 따른 운임지급체계가 주원인이다. 한번이라도 더 실어 날라야 많은 소득이 있음으로 과속, 신호무시 등 위험한 운행은 계속 이뤄질 수밖에 없다.

공사차량의 운임지급체계를 개선하고 기사들에 대한 충분한 교육을 시켜 사고 없는 안전한 아파트 공사와 명랑하고 안전한 운행질서가 이뤄지도록 시공사와 경찰이 다 같이 노력해야 할 일이다.

객원기자석

쓰레기, 수거하는 입장에서 버려야

쓰레기 생산량에 따라 국민의 문화수준과 의식수준을 가름할 수 있다고 한다.

많은 쓰레기의 배출은 곧 부(富)의 부산물로도 생각할 수 있기 때문이다. 그러나 무작정 나오는 쓰레기는 바로 시민들의 의식수준을 읽을 수도 있으니 쓰레기 배출의 양면성을 다시 한 번 생각해볼 때이다.

옛날 우리 조상들은 짚신을 삼아신고 길을 떠날 때 짚신 한 켤레로 갈 수 있는 길인 80여리를 걸으면 떨어진 짚신을 바꿔 신는데, 헌 짚신은 나뭇가지에 매달아 놓아 저절로 썩어서 그 나무의 거름이 되도록 했다 한다. 서양 특히 중세 유럽의 십자군이 원정을 나갈 때 신발이 해어지면 반드시 태워서 없앴다 한다. 신었던 신발을 그냥 버리면 악마가 그 신을 신고, 신 임자에게 불행을 저지른다하는 전설 때문이기도 하지만 신던 신발을 쓰레기로 남기지 않고자 하는 이유도 있었을 것이다.

풍토상 한국은 유럽지역보다 곰팡이와 미생물이 풍부해 자정(自淨)능력이 30배나 높아 쓰레기 처리에는 많은 이점이 있다고 한다.

하지만 쓰레기 불법투기 사례는 끊이지 않고 있다. 특히 겨울철 무단 방기되는 쓰레기는 큰 사회적 문제가 되고 있다.

보통 쓰레기는 음식물 쓰레기와 일반 쓰레기 그리고 재활용품으로 구분이 되어야 하는데 이 세 가지 분류방법을 무시하고 마구 버리는 쓰레기 때문에 귀중한 자원이 쓰레기로 버려지고 환경오염은 가중되고 있다.

음식물 쓰레기가 분리 배출되면 양질의 사료로 새로이 태어나는데 마늘 줄기, 소·개·돼지 등 가축의 뼈와 소라·조개껍질, 그리고 호두, 땅콩껍질이 음식물 쓰레기로 나오는가 하면, 한약재 찌꺼기도 사료화가 어려우므로 같이 배출하면 안 된다. 특히 음식물 쓰레기 속에는 비닐, 병뚜껑, 이쑤시개 등 이물질을 제거하지 않으면 사료원료가 되지 못하거나 막대한 인력을 필요로 하게 된다.

재활용품은 정말 소중한 자원이 되는데 코팅된 종이, 화장품병, 거울, 도자기류, 그리고 폐전화기, 헤어드라이어, 비디오테이프, 진공청소기, PVC 등은 플라스틱류가 아니어서 재활용이 안 된다.

실생활에 많이 쓰이는 스티로폼은 코팅이나 찌꺼기를 제거하고 한데 묶어서 내어놓고 폐형광등이나 전구는 깨어지지 않도록 해서 내어놓는 것이 재활용품을 배출하는 요령이다.

그런데 빈 사과상자를 버리면서 그 안에다 재활용이 안 되는 일반 쓰레기를 가득 담아 내어놓는 사례가 있는데, 폐지 수집하는 사람들이 담겨있는 일반 쓰레기는 쏟아놓고 사과상자만 가져가니 쓰레기 수거하는 청소원이 큰 곤욕을 치르고 있다. 그뿐인가? 맥주병, 소주병도 귀중한 자원인데 병 속에 담배꽁초를 집어넣거나 던져서 깨어진 채로 버리는 행위는 참으로 시민의식이 모자란 사람의 짓이다.

우리나라 사람들은 언제부터인가 담장안의 내 집은 자신의 소유공간으로 생각하고 담장 밖은 나 몰라라 하는 근성이 있어 내 집 안에만 쓰레기가 없으면 된다는 의식이 쓰레기 무단배출의 한 원인이 되고 있는데, 대구지역에서 시작한 담장 허물기 사업이 성공하면 이런 점은 개선되리라 본다.

추운 겨울, 새벽 찬바람을 맞으며 쓰레기를 치우는 환경미화원의 입장이 되어 쓰레기를 버려야 한다.

2월 1일부터 각 구청에서 쓰레기 불법투기에 대한 특별 단속이 시작된다니 더욱 조심할 일이다.

수성구청의 경우 지난해 불법투기 단속 실적이 439건에 4천500만원의 과태료를 부과했다는데 이는 빙산의 일각에 불과할 것이다.

우리나라가 풍토상 쓰레기에 대한 자정능력이 뛰어나다 하지만 수십 년이 되어도 썩지 않는 다량의 화학쓰레기 배출에는 뾰족한 대책이 없다.

다가오는 설날에는 또 얼마나 많은 쓰레기가 멋대로 버려져서 청소원을 울릴 지 걱정이다.

객원기자석

서원속의 불교유적

영주시 순흥면 내죽리에 있는 소수서원은 우리나라 사액서원의 효시로 널리 알려져 있다. 소수서원은 조선조 중종 37년(1542년)에 풍기군수를 지낸 주세붕에 의해 처음 세워졌는데, 우리나라에서 성리학의 선구자로 널리 알려진 회헌 안향선생이 공부하던 곳에 처음 사묘를 세우고 그 이듬해 백운동서원을 세우니 이가 곧 소수서원의 전신이었다.

그 후 퇴계 이황이 풍기군수로 재임 시 명종임금(1550년)에게 상소를 올려 소수서원(紹修書院)이란 현판과 서적, 노비, 토지를 하사받아서 지금의 소수서원의 기틀을 만들었다.

소수서원 현판은 경상북도 유형문화재 제330호로 지정돼 귀중한 문화유산이 되고 있다.

서원은 조선시대 민족교육의 산실로 인재 배출의 요람이었는데, 소수서원의 경우 배출된 인재가 4000여명에 이르고 그

중 퇴계의 제자들은 대부분 소수서원 출신이라고 하니 대단한 학맥을 가지고 있다.

그런데 소수서원 매표소를 들어서면 서원에 어울리지 않게 당간지주가 제일 먼저 보인다. 이 당간지주는 보물 제59호로 보존되고 있으며 소수서원 자리가 통일신라시대에 세워진 숙수사(宿水寺)란 절터였음을 말해주고 있다.

숙수사가 폐사된 경위는 상세히 알려지고 있지는 않으나 세조 3년(1457년), 단종 복위운동이 실패하자 역모의 땅이라 하여 순흥도호부가 폐지될 때 불타 없어졌다는 것이 유일한 역사이다.

그러나 소수서원을 둘러보면 군데군데 불교유적이 보이고 있다. 그 중에서도 소수서원 중앙부인 관리사무소 앞 화단에는 멀쩡한 탑의 옥개석이 큰 호박돌을 머리에 이고 장식용 석재로 전락하고 있다.

탑은 본래 부처님의 유골인 사리를 봉안하기 위해 만들어진 것으로 부처님의 진신 사리를 봉안하거나 사리대신 불경이나 불상 등의 법신사리를 봉안하는 경우인데 처음 불교에서 불상이 예배대상으로 만들어지기 이전에 숭배의 대상이 되어왔고 현재도 탑은 불교의 상징으로 신성시 되고 있다.

이 탑의 옥개석을 깔고 앉은 호박돌은 무엇인가?

순흥에서 단산으로 가는 국도에 제월교라는 다리가 있는데 그 다리를 이전에는 '청다리'라 하였고 호박돌은 그 청다리의 교각 받침석이었다.

또한 회헌선생의 사묘인 문성공묘 옆문 계단은 석재를 이용해 삼단으로 쌓았는데 그 첫 번째 계단석재가 부도의 기단석으로 추정되고 있다. 부도란 고승의 사리를 모신 승탑인데 쉽게 생각하면 큰 스님의 무덤이다. 그 부도의 일부분을 뭇사람들이 밟고 다니는 건물 입구 계단으로 사용하고 있는 것이다.

소수서원에는 소수박물관이 있고 선비촌을 만들어 자랑스러운 우리 조상들의 '선비정신'을 체험할 수 있게 한 것은 좋은 일이지만 폐사된 숙수사의 불교유적에도 관심을 가지고 보이는 것은 바로 제자리로 하고 보이지 않는 것은 찾아야 하는 것도 꼭 해야 할 일 중의 하나이다.

소수서원 한 가운데로 흐르는 죽계천을 중심으로 아직도 많은 불교유적들이 매장돼 있을 것이란 예측이 인근 주민들 사이에 구전되고 있다.

현재 대구박물관에 보존되고 있는 금동불상도 이곳에서 출토됐고, 국보 제78호 및 83호인 금동미륵반가사유상도 이곳 소백산과 순흥 일원에서 출토됐다 하며 일본 국보 1호인 미륵반가사유상도 순흥에서 나는 적송으로 이곳 사람들이 만들었다는 것은 깊이 생각해 볼 일이다.

대구인근 현풍향교에도 대성전 기단을 사찰에서 사용한 연화문이 양각된 배례석과 면석 등으로 만들었으며 연화문을 새긴 주초석과 탑신석을 주초로 사용한 것을 볼 수 있다.

객원기자석

사찰 담장이 되어버린 고인돌

유네스코(UN 교육과학문화기구) 지정 세계문화유산 중 유형문화재로 우리나라는 지난 1995년에 지정된 불국사와 석굴암을 비롯해 7점이 있다. 그 중에는 2000년에 지정된 고창, 화순, 강화지역에 집중 분포돼 있는 고인돌군(群)이 있다. 그저 이름 없는 바위덩어리로만 보이던 고인돌이 이제는 어엿한 세계문화유산으로 지정돼 보호를 받게 된 것이다.

이 지석묘군은 청동기 시대 지배계층의 무덤으로 알려져 있는데 무덤으로서 그 가치를 다함이 아니고 그 시대의 생활상이며 마을의 정착 위치까지 짐작케 할 수 있어 연구대상이 되는 귀중한 문화재이다.

고인돌군은 고창, 화순, 강화지역 뿐만 아니라 우리나라 전역에 흩어져 있으며 특히 그 구조가 북방식과 남방식으로 달라 학술적 가치도 충분하다.

경북 청도군 화양읍에도 34기의 고인돌이 열을 지어 위치해 있는데 경상북도 기념물 제99호로 지정되어 있으며, 대구에는 달성군 화원면 천내리 516-1번지 대구교도소 옆과 화장사 사찰 경내에 7기의 고인돌이 있는데 대구시 기념물 제13호로 지정돼 있는 문화유산이다.

현재 이곳에 있는 고인돌은 마을 공터에 3기, 화장사 경내에 3기, 그리고 1기는 화장사 담장의 일부가 되어 있다. 귀중한 문화유산이 사찰의 담장으로 전락한 것은 어찌된 이유인지는 모르지만, 구전되는 절의 창건 설화를 보면 1925년 보원거사(普願居士) 김영옥(金英玉)이란 분이 꿈속에서 부처님의 계시를 받았는데 어느 산 밑에 돌 일곱 개가 있으니 그 돌 가운데 제일 끝에 있는 돌 근처에 절을 지으라 일러주어 그곳에 절을 짓고 열심히 불공을 올리며 일생을 보냈는데 사후에 일곱 개의 사리가 나와 그로부터 신도가 모여 지금은 비구니만으로 운영되는 사찰이 화장사(華藏寺)라고 한다.

처음에는 동화사 화원포교당으로 운영되다가 1980년대에 중건을 하면서 현재의 모습을 갖췄는데 그때 담장을 설치하면서 일곱 개의 고인돌 중 네 번째의 고인돌을 담장의 일부로 만들었을 것으로 추정하고 있다.

또한 사찰경내의 끝에 있는 고인돌에는 지석형태와 성혈흔적이 뚜렷한데 그 고인돌상판을 다듬어 대석으로 삼아 비(碑)를 세웠던 흔적이 지금도 선명하게 남아있다.

기념물 지정도 중요하지만 올바른 관리가 더욱 중요하다는 생각이 지워지지 않는다.

기타

수상문

人情이 아쉽다

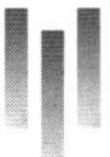

그놈의 뱃길 때문에 기어코 차 시간을 놓쳤다. 10분쯤 늦었지만 설마 그렇게 정시에 차가 출발할까 싶었는데 1분도 어김없이 버스는 제시간에 통과했다는 정류소 아주머니의 얘기를 듣고는 차를 놓친 아쉬움보다도 일면 기쁜 마음이 생겼다. 「코리안 타임」의 시정이 이런 곳에서부터 인식이 되리라 보고(당장 나부터 그렇게 됐지만) 언젠가 신문지상에서 「타임구락부」가 발족했다는 얘기에 좀 더 수긍이 간다.

결국 갑절이나 되는 차비와 1시간이 넘는 시간손해를 보면서 P면을 거쳐 목적한 Y읍에 도착했다.

얼마동안 병상에 누워 있느라고 차를 못 탔었는데 이번에 이상한 것을 하나 발견했다. 버스가 지나가면 연도에 벌거벗은 하동(夏童)들이 반가워라 뛰어나와 하나같이 손을 흔든다. 그 모양이 얼마나 순진하고 귀엽던지 나도 마주 손을 흔들어

주었다. 팔뚝을 흔들고 이상한 욕질을 하는 조금 키 큰 아이들에게 비하면 흙 묻은 고사리 손을 흔들어주는 티 없는 동심의 세계에 나는 분별없이 사회악에 물들고 있는 성인들의 세계가 뉘우쳐 진다. 열차투석의 경우도 그렇다. 열차가 지나가면 신기한 듯 뛰어나와 손을 흔들어준다. 그러나 승객이고 승무원이고 무표정한 얼굴로 창가에 턱을 고이고 앉아 무슨 구경거리라도 보듯 한다면 배반당한 손흔듬이 돌멩이를 주워 드는 건 당연한 게 아닐까?

손을 흔들어주는 아이들을 위해 웃으며 마주 답례를 하는 아름다운 차창풍경이 메마른 우리 생활에서 얼마나 필요한 숙제일까, 초등학교 교제에 나오는 것이지만 미국에 있었던 얘기 「아름다운 신호」를 아이들에게 물어보라. 손을 흔드는 아이들을 멍청히 바라볼 수 없으리라.

차안에서 흔히 젊은 사람들이 자리를 잡고 떡 버티고 앉아 안 오는 잠을 청해 지그시 눈을 감고 있는 표정이란 그 옆에서는 팔순노인이 땀을 흘리며 손잡이에 매달려 서서 어쩔 줄을 모른다. 이런 데서도 우리는 인정이 아쉬운 걸 느낀다. 부모 없는 자식이 있을까. 내 부모에게 효도를 할 줄 아는 사람이 남의 부모도 공경할 줄 안다. 역시 이런 때 자리를 양보 받은 분들은 나이 자랑이나 하는 것처럼 당연하다는 듯이 앉을 것만 아니라 「미안 하외다」 「고맙네 젊은이」 「서서 가겠소」 등 한 마디쯤 하고 앉는다면 또 얼마나 명랑한 자리가 될 것인가.

Y읍에서 용무를 끝내고 돌아갈 차 시간을 알아보니 4시간이나 남아있었다. 마침 점심때라 소문난 Y읍의 보신탕 맛이나 볼까 해서 음식점으로 향하는데 도로변에 아이, 어른 할 것 없이 빙 둘러서서 재미있는 듯 웃고 있는 모양을 보고 뭔가 하고 사람을 비집고 들어서 보니 이게 무슨 일인가?

딸 심청 찾아 폐포파립으로 길을 더듬던 심봉사도 이렇지는 않았으리라 싶으리 만치 초라한 장님노인이 울상을 하고 있었다.

「왜 그러십니까, 할아버지?」

「여보시오. 여기 오줌 누는 곳이 어디 있습니까? 예, 여보시오.」

내 물음에 애원하다시피 장님노인은 내 쪽으로 손을 내밀었다.

(아하 그랬구나)

나도 Y읍이 낯선 곳이라 겨우 물어 물어 변소까지 안내해 드렸다. 그리고 나니 왈칵 분노가 느껴졌다. 멀쩡한 두 눈을 가진 어른, 아이들이 이 불쌍한 소경이 생리적 위기 때문에 괴로워하는 모습을 웃으며 보고만 있었다니-.

이런 일 뿐이 아니다. 여러 형태의 사람들이 살아가노라면 이런 일 저런 일이 있겠지만 공동생활에서 조그만 양보 조그만 인정만 베풀면 우리의 주위는 항상 웃음이 깃들 텐데-.

정말 인정이 아쉽다.

서간문

단풍에 어리는 자매의 정

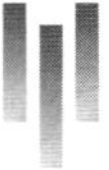

보채는 어린 동생을 떼어놓고 무거운 발길을 옮긴 병사는 고향을 생각할 때마다 잠시 애수에 젖어보는 시간이 있습니다.

슬픔을 전제로 한 슬픔이 아니라 인간이 가진 가장 아름답고도 초연한 비애의 한 순간일 것입니다. 아득히 먼 하늘아래 보고 싶은 동명누이 여러분! 지금은 하기방학도 끝마치고 희망의 새 학기 보람찬 새 계절에 접어들었군요.

모두 건강한 얼굴들로 지난 이야기에 정다운 한 때를 보냈으리라고 믿으며 이제는 멀리 동해안 일우로 떠나버린 우리 부대 이야기도 나왔으리라 생각하니 어느덧 먼 일로만 느껴집니다.

언제까지나 가까운 곳에서 누이들과 서로 도우고 지낼 수 있는 날을 갖고 싶었지만 그보다 먼저 우리의 임무는 국토방

위였습니다. 여러분들의 따뜻한 위문공연을 마지막으로 이 벅차고도 통쾌한 임무를 부여받고 보니 뿌듯한 자신력이 솟구쳐 오릅니다. 서울서는 무척이나 먼 곳입니다. 대부분의 병사들이 남도에 고향을 둔 탓으로 어쩌면 낯설은 이역 같기만 하던 이곳도 이제 정을 들이고 보니 새로운 삶을 견디어날 만도 하군요. 요새 산골마다 북녘을 향하고 늘어선 총구를 옆에 하고 어렴풋한 달빛아래서 어둠을 응시하는 병사들의 눈에는 웅크리고 앉은 풀포기 하나에도 적을 경계하는 조심을 잃지 않는 틈틈이 두고 온 고향, 그리고 기다리는 사람을 생각해 보는 것입니다.

그리운 동명누이 여러분. 여기는 인적도 드문 산골입니다. 다만 아담한 토막막사 거기 양지바른 둘레에 정성들여 꾸며진 꽃밭이 이채로울 뿐 오직 군복이 주는 임무를 감당해 나가기 위하여 생활하는 것입니다. 그럴 때면 떠나기 전 구진지에서 누이 여러분이 보내주신 꽃씨를 심어서 길러놓은 화단이 생각나곤 합니다. 이동과 더불어 여러분의 정성이 배인 화단을 떠 가지고 오고도 싶었습니다만 역시 새로 오는 군복의 용사들이 즐기고 가꾸어 나갈 것이라고 생각하니 한편 좋은 것을 남기고 온 것같이도 생각됩니다.

지금 이 막사에 피어난 꽃도 서울에 있는 모 여학교 학생들이 보내준 것이라니 어쩌면 이 꽃을 심어놓고 떠난 이들의 마음도 우리와 같겠지요.

동명누이 여러분, 나라를 지키는 우리의 일이야 다만 임무를 수행하는 것 뿐 한 가지라도 좀 더 여러분들을 돕고 보람 있는 일을 해보고 싶습니다. 가까이 있을 때는 일 년에 한, 두 번 위문편지를 받아도 흐뭇하기만 했지만 지금의 심경은 한 달만 지나도 몇 년이 흘러간 것처럼 지루하고 궁금하기만 합니다. 산속에 갇히다 보니 아무래도 누이 여러분들의 소식을 최전선에서 적과 총부리를 맞대고 있는 우리 장병들에게 가득히 담아 주시는 아량을 빌며 위문 공연 시 부대장님이아 같이 맹세한 일-.

우리의 손으로 적괴 김일성의 목을 자르고 통일의 그날을 맞이할 때까지 꾸준히 노력할 것을 다짐하며 우리 동명이 누리에 빛나는 샛별이 되길 빌어마지 않습니다.

―| 수기 |―

내 작은 힘이

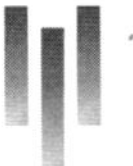

一. 他意休息

「선생님 좀 어떠세요?」

「응…….」

「잡숫는 건요?」

「괜찮아.」

숙의 얼굴에 조금 안도감이 도는 것이 흐릿한 내 시야에 비쳐 왔다.

그러자 다시 호흡이 답답해지면서 옆구리에 왈칵 아픔이 몰려 왔다. 그러나 학생들 앞에서 얼굴을 찡그리고 아픔을 표시할 순 없었다.

조금 전에 또 오른쪽 등허리에서 500cc는 됨직한 노란 액체를 뽑아내고 나니 마치 빈혈 환자처럼 정신이 아찔아찔했다.

초라한 병실, 불기조차 없는 냉한 공기는 날씨 탓인지 어느새 축축한 곰팡이 냄새를 풍겨 왔다.

늑막염으로 입원한지 닷새째 아직 병세도 모르는 체 그냥 의사의 지시대로 움직이지 말아야겠다고 안간힘을 쓰고 있었다. 손을 뻗어 머리맡의 시계를 들여다보았다.

2시 10분전. 학교 시작 시간이 다 되어 간다.

「어서들 학교에 가. 시간 다 됐어 어서.」

그래도 학생들은 내 주위를 떠날 줄 모른다. 나는 불편한 몸을 옆으로 뉘어 근심스럽게 둘러앉은 학생들의 얼굴을 살펴보았다. 명숙이, 옥자, 정란이, 옥희, 연희……. 모두 손목이라도 덥석덥석 잡아주고 싶을 만치 다정스러운 학생들의 얼굴이 파리한 내 얼굴을 지켜주고 있었다.

「자, 어서 가요. 마치는 시간 기다릴 테니 모두 공부들 열심히 하고.」

나는 억지로 미소를 지어 보였다.

「싫어요. 선생님이 안계시니 공부도 하기 싫은 걸요. 책을 펴들어도 마음은 자꾸 병원으로 달려 와요.」

제일 나이가 어린 정란이의 응석 섞인 소리였다.

「내가 죄인이로구나. 너희들 마음마저 그렇게 편안치 못하게 하였다니-. 그렇지만 이제 몸이 났는 대로 다시 같이 공부할 테니까 어서 가. 지각하는 학생, 내가 제일 싫어했었지?」

그제사 학생들은 책가방을 들고 일어섰다.

「그럼 선생님 다시 또 오겠어요.」

「안녕히 계세요.」

「선생님….」

나는 다시 천정을 향해 바로 누웠다. 그리고 눈을 감고 지긋이 입술을 깨물었다.

二. 팽개쳐진 돌멩이들처럼

내 고향은 경북 예천군 풍양면. 삼면이 강으로 둘러싸인, 그냥 조용하기 만한 시골이다. 군에서 제대를 하고 잠시 객지생활 끝에 고향에 무언가 내 작은 힘이 미칠 곳이 없나 하고 살펴보았다.

수십 년이 가야 그 날이 그날 같은 가난한 고장 중학생만 되어도 서울의 대학생이 부럽잖은 교육에 뒤떨어진 곳. 나는 우선 자라나는 학생들을 살펴보았다.

매년 面내 3개 초등학교에서 배출되는 초등학교 졸업생들을 수용할 수 있는 중등교육 시설이라고는 풍양중학교의 두 학급뿐이어서 지원자의 절반 이상은 물론이요, 그나마 가난의 멍에 때문에 중학교 입학시험도 한번 치러보지 못한 채 지게를 지고 시골에 묻히거나 무모한 가출로 어린 싹이 누렇게 병드는 모습을 안타까이 여겨 남달리 관심을 가졌던 지서장 S경사가 하루는 나를 찾아 왔다.

「어떻게 이 가난한 소년 소녀들을 구제할 방법이 없을까요? 경찰관인 내 입장으로 본다면 청소년 선도의 길을 찾아야 하는 게 우선 급한 일이지만 이 지방으로 봐서도 무슨 대책을 세워야 한다고 생각지 않으십니까?」

「정말 감사합니다. 그렇지 않아도 지서장님과 같은 뜻있는 분을 기다렸습니다. 해봅시다. 먹는 것, 입는 것보다도 우선 배움이 더 시급한 그들에게 배움의 기쁨을 안겨 줍시다.」

나는 S경사의 손을 굳게 잡았다.

이제 내 결심은 이들을 위해 몸 바쳐 보리라고 굳게 다짐하였다.

「중학교 못가는 학생들에게 공부를 시키자」는 나의 이 뜻은 물살이 번져가듯 얼마 뒤 풍양면 유지 측에 있는 불들의 뒷받침을 약속받았다.

郡 교육청을 통해 초등학교 校舍사용허가를 받고 지방출신 중학교사 두 분과 몇몇 뜻있는 지방 청년들을 설득시켜 강사진도 완료했다. 모두 무보수였다.

그리고 중학교 전과목에 해당하는 시간표를 작성해 놓고 나니 금방 학생들과 수업이나 시작하고 있는 것처럼 가슴이 두근거렸다.

三. 結實

1966年 2月 10日 풍양재건중학 학생모집 공고를 붙였다. 모집인원 남녀 75명. 학생부담은 1원 한 장 없이 전부 무료라는 것을 강조했고 나이가 많아 배움의 시기를 놓친 학생들을 우선적으로 받아들이기로 했다. 며칠 후 30여명의 학생들이 서투른 내 솜씨로 프린트한 입학원서를 들고 왔다. 그러나 예상했던 것처럼 학생들이 몰려들지 않았다. 어찌된 일일까 하고 각 마을로 돌아다니며 그 원인을 알아보기로 했다.

「쳇! 학교가 될게 뭐야. 공연히 한번 그래 보는 거겠지.」

「그러게 말야. 한 달에 몇 백 원씩 돈을 받고 하는 중학교도 운영이 잘 안된다는데…….」

「뭐 강사들이 무보수로 가르친다고? 흥 그 사람들 흙 먹고 사는 모양이지?」

이런 비웃음과 루머들이 이 사람 저 사람 입에서 나돌기 시작했다.

「숙이 어머니. 왜 숙일 학교에 안 넣으십니까?」

「먹고 살기에도 빠듯한 데 어디 돈이 있어야지요.」

「아니 새로 생긴 재건중학에서는 돈 한 푼 안 받는데 거길 넣으시지요.」

「원 그렇게나 됐으면야 오직 좋겠소. 그런데 소문 들으니 오래 가지 못할 거라는 군요. 공연히 학교 다닌다고 애들 마음만 부풀게 했다가 뒤끝이 좋지 않으면….」

「아주머니도 그런 염려는 조금도 마시구요, 숙이나 학교에 보내주십시오.」

다짐은 하면서도 은근히 걱정이 안 되는 것은 아니었다. 학교에 보내면 끝까지 공부를 시켜줘야지 중도에서 무슨 일이 일어나면 어떻게 될까?

풍양재건중학은 기반도 권력도 재력도 뒤를 미는 그 아무것도 없다. 유지 몇 분이 지원을 약속했지만.

「어디 어떻게 되나 두고 보자」는 식의 뒷짐이요, 다만 S경사의 조그만 직함과 나의 정열, 그리고 무모에 가까운 용기만이 학원의 뒷받침 전부였다.

「해보자. 설마 학생들이 모이고 나면 그렇게 쉽사리 무너지지야 않겠지.」

나는 다시 용기를 냈다. 초등학교에 쫓아다니며, 그리고 마을로 다니며 이장들을 붙들고 학생들을 보내달라고 애원했다.

당초 계획은 3月 10日 개원식과 입학식을 하려던 것이 결국 그 해 3월 17일 79명의 남녀 학생들이 모인 가운데 풍양초등학교 대강당에서 뜻 깊은 입학식을 거행했다. 학부형, 유지 그리고 선서를 통해 결속을 다짐한 강사선생님들과 이날의 주인공인 79명의 초롱초롱한 눈동자를 바라보는 내 눈에서는 감격의 눈물이 솟아났다. 동분서주 뛰어다닌 내 보람이 맺어진 순간이었다.

「내가 일할 때는 지금부터다. 내 책임은 내 능력에 비해 너무나 크다. 그러나 해보자. 하다가 넘어지더라도 떳떳한 나의 일을-.」

四. 따뜻한 陽地

다음날부터 수업이 시작됐다. 교과서는 헌책을 구입하기로 했다. 마침 교과서가 전면 개편되는 통에 헌 교과서를 구입하기가 한결 용이했다. 중학교 교감선생님을 설득시켜 학생들을 통해 많은 양의 교과서를 구입했을 때는 무척이나 기뻤지만 그래도 교과서는 많이 모자랐다. 할 수 없이 한국일보 독자란을 통하여 사회에 호소도 하고 그래도 못 구한 것은 대구의 고서점을 뒤적거려 휴지 값으로 책을 사왔다. 분필 한 통 시험지 한 장도 아껴 아껴써야 하는 주머니돈은 역시 헤프기 한이 없었다. 할 수 없이 매주 1회씩 치르는 주말시험 용지는 학생들 각자가 부담하기로 했다. 마음은 쓰렸지만 어쩔 수 없었다. 그러나 학생들의 공부에 대한 열의는 놀라웠다. 50분 1시간 강의가 60분이 보통이었다.

휴식시간도 없이 다음 시간 선생님이 기다리기가 보통이었다. 평생에 공부는 그만이구나 하다가 이런 배움터가 생겼으니 학생들도 더할 바 없이 감격을 하고 있는 것 같았다. 1주일이 지나자 어느덧 학생 수는 120명으로 불어났다. 매일 입학원서를 들고 학교로 찾아오는 학생들이 장사진을 이루었다. 정말 될까 하고 뒷짐만 지고 구경하고 있던 학부형들이 너무도 모든 일이 순조롭게 되어 가는 것을 보고 서둘러 입학시켜 주십사고 데리고 와서는 애원이었다.

그러나 초등학생이 파한 뒤 오후 2시부터 4시간 수업이니 먼 데 있는 학생은 받을 수가 없었다. 두 사람씩 앉은 초등학생용 책상에 세 사람씩 앉히고도 자리가 모자라서 서서 필기를 하는 등 교실 하나를 가지고 120명을 도저히 수용할 수가 없었다.

초등학교 교장선생님과 상의를 했다. 교실 두 칸 사용허가를 받긴 했지만 반을 나누면 그만큼 배로 늘어나는 시간을 메우기가 또한 걱정이었다. 남, 여 두 반으로 나누면서 여반에는 양재, 남반에는 농업시간을 대폭 늘여 농업시간은 농촌지도소에서 맡아 주기로 교섭을 끝낸 뒤는 한결 마음이 개운했다.

학부형 회의에서 교복을 입기로 합의하여 교복을 입히고 거기 내 손으로 고안한 예쁘장한 교표도 달았다. 그리고 교가도 지었다. 교가의 곡은 역시 학부형인 윤상양씨가 기꺼이 붙여 주었다. 그 후 조례 때마다 교가가 힘차게 울려 퍼졌다.

「어둠을 파헤치고 고난을 넘어 일하며 배워가는 보람도 크게…….」

五. 아직도 많은 고개

「유선생님 이것 보십시오. 벌써 두 번이나 유리를 깼습니다. 어디 그것뿐입니까? 교실에는 온통 잉크 투성이구요. 화단을 운동장 모양 밟고 다니니-. 어디 교실 두 번만 빌려줬다간 학교가 남아있겠습니까?」

「예, 죄송합니다. 시정하지요.」

남반이 쓰고 있는 교실 담임인 P선생의 신경질이었다.

「이 야구글러브를 이렇게 망가뜨렸으니 원-.」

「그래요? 이젠 못하게 하지요.」

「배구공도 하루에 한 개씩은 터뜨리고.」

초등학교 교사들의 저 나름의 불평이 전부 내게 집중되었다. 어쩌라는 건가. 우리는 교실도 빌려 쓰고 야구글러브도 없고 배구공 하나도 없다. 허지만 학생들은 그런 게 무척이나 부러웠을 게다. 눈만 돌아가면 꺼내다가 저들대로 던지고 받고 하였다. 셋방살이도 서럽건만 날개 부러진 새 모양으로 운동장 구석에 처박혀 앉아있는 것보다는 뛰어다니고 공을 차는 것도 보기 좋았다. 별로 운동을 즐기지 않는 나도 그들과 어울리면 운동장이 좁아라 하고 뛰어다녔다.

또 한 번은 중학교 선도선생님이 나를 찾아왔다.

「도무지 재건학교 학생은 모두 깡패란 말입니까? 원-.」

「아니 왜 그러십니까?」

「왜가 뭡니까? 어제 우리학교 학생을 두드려서 업고 집엘 갔는데도 모르고 계시다니-.」

「미안합니다. 제가 불러서 다시는 그런 일이 없도록 훈계하겠습니다.」

어깨를 으쓱하며 돌아가는 선도선생님이 운동장을 떠나자 나는 Y군을 불렀다.

「왜 중학생을 때렸니?」

「…….」

「자, 어서 얘기해 봐.」

나는 Y군의 탄탄한 어깨에 손을 얹었다.

「어제 집에 가는 길이었어요. 중학생 ○여명이 삥 둘러섰고 그 가운데서 여학생 하나가 훌쩍훌쩍 울고 있었습니다.

「그래서?」

「곁에 가서 보니 바로 우리학교 학생이었어요. 왜 그러느냐고 물었더니 인사를 안 한다고 못 가게 한다는 군요.」

「인사를?」

「예, 저들은 3학년인데 1학년인 재건중학생들이 건방지다는 거예요. 거기서 시비가 붙어서 싸웠어요.」

「너 혼자서 열 명을? 그래 맞지는 않았어?」

「까짓 나쁜 짓하는 놈들은 스무 명도 문제없어요.」

「그래 잘했다.」

씩 웃는 Y군의 어깨를 다정하게 두드려 주었다.

그 후로도 학생은 자꾸 늘었다.

개원한지 꼭 3개월 후에는 남자 85명, 여자는 79명, 그래서 모두 164명의 대식구가 되었다.

학생들의 열성은 대단했고 1학년 평균 실력이 보통 중학교 학생보다 높다고 사회에서 칭찬이 자자했다. 1시간의 수업을 위해 2시간씩 연구했다. 적은 노력과 시간으로 많은 양의 공부를 해야 하는 학생들을 위해 나는 나대로 새로운 학습 방안을 짜기에 늘 노력했다.

때로는 고등학교 교재도 그들에게 가르쳐 줬다.

그리고 가장 실생활에 맞고 이해가 가능하도록 쓰기에 애썼다.

그러나 내 몸에도 한도가 있었다. 이처럼 쉴 사이 없는 무리는 모르는 사이 점점 건강을 해쳐 갔다. 형님이 짓는 농사 거들기와 학교에서 수업, 청소검사까지 마치고 나면 저녁 8시가 넘었다.

그리고 저녁에는 또 교재연구, 학습경영안, 시험지 채점 등이 끝나면 12시가 넘도록 책을 펼친다. 하루 잠은 고작 서너 시간이 될까.

그러나 나는 보람을 느낀다. 164명의 싱싱한 봉오리들. 그 속에 들어앉으면 나는 내 능력의 무한대를 의식한다. 뭐고 할 수 있다는 용기와 노력. 그러나 나를 슬프게 하는 것들이 있었다. 내가 가장 존경했던 옛 은사 한 분이 나를 찾아오셨다.

「유군이 요즈음 수고들 한다면서, 어디 월급은 얼마나 받나?」

「월급요? 제가 할 일을 하는 것뿐인데요.」

「아무 것도 없단 말이지?」

「그렇습니다.」

「흥, 향토문화 공로상이라도 바라고 하는 건가?」

「예?」

그는 벌써 저만치 멀어져 가고 있었다. (향토문화공로상? 그까짓게 뭔지 나는 모른다. 내게는 다만 배움에 열의 있는 학생들과 그리고 내 노력이 있을 뿐이다. 누가 누구를 위해 하는 것은 더구나 아닌 이건 극히 자연스러운 일이다.

六. 참된 배움터

학원의 앞길은 순조로워졌다.

정말 내 노력 이상의 열매가 맺어진 것이다. 대구방송국과 지방신문들은 우리학원을 널리 소개해 주었다. 그리고 66년 12월 조선일보에서 이 작은 나의 얘기를 크게 실어 주었을 때의 부끄러움이 조금씩 조금씩 덜어지는 것이다.

포항해병대기지 사령관과 재일교포 두 분은 성금을 보내오셨고 국회 정진동 의원은 직접 학원에 까지 오셔서 격려와 함께 금일봉을 기탁하셨다. 그 외에도 수많은 유지들로부터 유형, 무형의 격려는 내일을 위해 푸르게 뻗어가는 젊은 싹들의 거름이 되었다.

학습운동 특활 면에서도 어느 학교 못지않게 성적이 좋아졌다. 특히 66년 5월 예천군에서 시행한 청소년선도 글짓기 대회에서는 수많은 정규학생들을 물리치고 우리학교에서 당당 1등, 2등을 독차지하여 크게 화제가 되기도 했다.

나는 한 주일에 한 번 있는 학생회에서 언제나 이 학교의 진도와 학생들의 위치를 누누이 설명해 준다.

「배우지 못한 사람이 지게를 진다면 한자라도 배워서 여러분은 리어카를 끄는 농민이 되어라. 그리고 이 불타는 조국근대화 작업에 작으나마 주춧돌이 될 결심과 용기를 잊어서는 안 된다. 글을 배우는 것도 중요하지만 사회가 요구하는 사람, 새 시대의 농촌이 필요로 하는 과학하고 협동하는 농민이 되어야 한다. 이 짧은 2년 동안 뭘 배우고 또 배워야 할 것인가는 여러분이 풀어야할 가장 큰 숙제이기도 하다.」

보름동안만 입원하면 퇴원을 한다는 의사의 얘기지만 마음은 조급하기 이를 데 없다. 내가 없는 교실이 어떻게 되어 가는가 하는 궁금증과 함께 내가 없으면 수업이 안 되는 줄 알고 있는 학생들에게 학생 스스로가 저희들의 일을 처리해 나가는 힘을 넣어줘야 겠다고 생각하면서 지루한 병상의 하루하루를 넘기는 것이다.

6시 10분 곧 공부를 마친 학생들이 뛰어 오겠구나. 풍년을 구가하듯 창밖에서는 실비가 내리고 있었다.

ㄷ. 한 알의 밀알이 썩어지면

학교설립에 큰 힘이 되었던 S경사도 떠나고 없다. 그 당시 선서로 학생들을 돕겠다던 강사선생님들도 태반이 풍양을 떠나갔다. 2년의 세월이 흐른 탓이다. 두 번의 가을이 지나가고 두 번의 운동회에 협찬 출전하여 호평을 받았다.

파월장병가족돕기, 송충잡이, 피뽑기 등 일 잘하는 재건중학으로 면내에 소문이 났다. 그렇게나 애쓰던 학교신축은 아직도 요원하지만 내년이면 졸업을 해야 하는 2학년들을 위해 나는 남은 내 정열을 아낌없이 쏟아 준다.

Y면으로 난 발령을 바꾸기까지 하면서 이 커다란 사명을 맡겨주신 군수님과 또 면장님의 후의에 대한 보답을 나는 내가 있는 한 풍양재건중학을 위해 일함으로 써 갚으리라.

수기

악몽의 몇 밤이 지나고

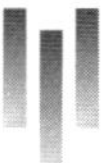

희끄무레한 달빛이 여명을 가리키는 새벽만 같은데 아직은 23시를 조금 지난 한밤중이었다. 어둠 속에 희미하게 보이는 ○○번 국도는 하루 동안의 시끄러움을 잠재운 듯이 고요하다.

나의 근무지인 7번초소를 떠난 지가 벌써 15분은 되었을까. 한 번도 걸어본 일이 없는 꾸불길을 무작정 걸어 나온 것이다. 텅 빈 초소, 금방 내가 없어진 것이 발견될 테지. 그 때의 비상소집…. 이윽고 주번사관과 C 소위의 부리부리한 눈망울이 연달아 떠오른다.

「지금부터 5분 내에 당장 그 자식을 찾아오란 말이야. 뭘 꾸물거려. 빨리 찾아보지 않고!」

몇 리나 왔을까. 어둠속에 웅크리고 앉은 저놈이 누굴까. 총대를 다시 움켜잡았다. 조심 조심 그 앞을 지나와도 아무런

반응이 없다. 나무였었나 보다. 스스로의 발소리에 몇 번이나 나는 뒤를 돌아다본다.

다시 생각이나 하자. 주번사관은 여전히 고함을 치고 있다. 내가 걸어온 이 길로 금방 단잠을 깨어 일어난 성난 전우들의 고함이 덜미를 잡는 것만 같다.

나는 뛰기 시작했다. M-1총을 길게 늘여 어깨에 메었다. 그리고 철모를 벗어서 손에 들고 땀을 씻으며 자꾸만 뛰었다. 끝없이 산중으로 뻗어나간 ○○국도.

아련히 아내의 얼굴이 떠오른다. 사실 아내만큼 한 여자도 없었다. 내 이름을 지어준 명성고아원엘 이따금씩 가보곤 한다는 아내의 편지, 얌전한 피난 청년이라고만 믿고 결혼을 시켰더니 웬걸 결혼식장에 친구라고 모인 것들이 전부가 시내를 휩쓰는 불량배들, 그 때 기절을 할 것 같던 장모의 모습, 아직 길은 멀었고 나는 그대로 뛰고 있었다. 땀방울이 얼굴을 굴러 내린다. 얼마쯤이나 왔을까. 기운이 빠지면서 나는 걸음을 늦추었다. 도무지 끝이 있을 것 같지 않는 이 길이 문득 심연(深淵)같이 느껴졌다. 멍하니 바위 위에 기대앉았다. 어깨에 멘 총을 끌러놓고 철모를 내려놓은 뒤 나는 긴 호흡을 마셨다. 긴장이 가시자 별안간 무섭다는 생각이 왈칵 치밀어온다. 불현듯 교대시간이 거의 되었다는 생각이 든다.

가야지! 자기의 근무처로 돌아가야지! 포근한 잠자리가 그냥 비어 있을 텐데….

「주번사관」도 그리고 아내의 얼굴도 다 털어버리고 나는 총을 메고 일어섰다. 벗어들고 오던 철모를 얌전히 눌러썼다. 뛰지는 않았지만 빠른 걸음으로 걸었다. 초소에 도착하니 조용하다. 아무 일도 없었나보다. 안도의 한숨이 저도 모르게 새어나왔다. 5분이나 되었을까. 순찰병이 지나갔다.

「교대준비!」

이리하여 악(惡)의 유혹은 종말을 고하고야 말았다.

그런 악몽의 몇 밤이 초조히 흘러간 후 또다시 못된 유혹은 기회를 노리고 있었다.

「각 소대에서 사역병 2명씩 선착순 집합.」

주번하사의 고함이 떨어지기 바쁘게 서로 등을 밀었다. 난 한 번도 사역이란 걸 나가본 적이 없었다.

「무슨 사역이냐?」

「○○까지 가서 일종을 수령한다지 아마?」

나는 귀가 번쩍 뜨였다. 여기서 백 여리가 떨어진 ○○시. 나는 얼른 뛰어 나갔다. 이미 다 집합하고 있었다. 나는 주번하사의 주의를 듣고 있는 K 일병의 등을 밀었다.

「들어가 내가 갈 테니!」

「아, 아니?」

K 일병은 무척 이상한 표정을 하면서 내무반으로 들어갔다. 사역이라면 나가본 일이 없는 내가 자원을 했기 때문인가 보다.

며칠 전 총을 걸머메고 땀을 흘리며, 뛰던 바로 그 길을 지금 트럭에 몸을 싣고 나는 질주하고 있다. 「잘 있거라!」 이런 심술궂은 작별인사를 마음속으로 중얼거리며 ○○에 닿는 즉시 일순 나도 모르게 변소를 핑계하고 곧장 버스정류장 쪽으로 달려갔다. 아내가 있는 광주에 내리는 길로 나는 곧장 자주 다니던 진주집으로 가서 대포 몇 잔을 청했다.

「아이구 이게 누구유! 벌써 휴가 받고 오는 길입니껴?」

「네. 휴가랍니다.」

나는 아주머니의 물음에 아무렇게나 대답을 하고 단숨에 대포 몇 잔을 들이켰다. 맑은 정신으로는 아내의 얼굴을 태연히 대할 수가 없었다. 밖으로 나오자 그 길로 아내가 있는 집으로 갔다.

그러나 집은 텅 비어 있었다. 어찌된 일인가고 주인에게 물으니 이사를 했다는 것이다. 역전에서 조그마한 식당을 경영하는 장모를 찾으니 놀라면서도 아주 반가워하는 것이었다.

「휴가 왔습니다.」

「아니 이 사람아, 좀 연락이나 하고 오지 않고… 개는 안에 있나보네. 자, 어서 들어가게 나도 곧 들어갈 테니….」

저녁때라 무척 바쁜 시간인데도 장모는 주섬주섬 그릇들을 챙기며 물을 담을 준비를 하고 있었다. 부엌에서 일을 하던 아내는 나를 보자 무어라 얘기도 못하고 그저 멍하니 서 있기만 했다.

「여보, 얼마나 고생했소. 무척 보고 싶었다오. 자, 어서 이리오우, 응.」

아내는 내 품 안에서 흐느끼기만 했다. 얼마나 그리던 이 몸뚱인가. 머리카락 올올이 향긋한 내음새가 머릿속 깊이 스며들었다. 자신이 저지른 죄도 깜빡 잊고 아내를 맞는 기쁨은 그지없었다.

그날 저녁 따뜻한 방안에서 장모와 아내와 갖가지 얘기를 나누면서도 마음은 금방 누군가 불쑥 방문을 열고 들어오는 검은 그림자를 향하여 불안 속을 맴돌고 있었다.

어느 때 느껴보지 못했던 그리움이 겹친 채로 마음껏 아내와의 즐거움에 취한 밤을 넘기고 밝은 아침을 맞이하면서 나는 다시 불안의 그림자를 떼어 버릴 수가 없었다.

그날부터 아내가 내어주는 사복으로 갈아입은 후 될 수 있으면 바깥외출을 삼갔다.

산골에 있다왔으니 갑갑할 텐데 왜 그러구 매일 방안에만 있느냐는 아내의 얘기에 나는 무어라 대답할 말이 없었다.

「응, 갑자기 번잡한 사람들 속에 섞이기 어색하군.」

이렇게 대답을 하면서도 매일매일 나의 얼굴은 초조해가기만 했다.

그동안 어느 틈에 내가 와 있는 것을 알았는지 옛날의 좋지 못한 친구들이 하나, 둘 모여들었다.

하나같이 여전한 그들이었다.

그들의 악(惡)의 음성은 자꾸만 나를 구렁창으로 꾀어내려고 하였다.

「아, 어느 바보 자식이나 그러구 있지 뭣 하러 고생을 하고 있단 말이요. 참 형도…….」

「그렇구 말고요. 큰형! 내일부터 우리가 다시 모시지요.」하고 맞장구치는 것이었다 나는 그런 자식들을 멍하니 쳐다보면서 너무나 어처구니없이 할 말을 잊었다.

옛날의 나는 이러지 않았다.

또한 이처럼 불안하지도 않았다. 나날이 말라만 가는 내 얼굴 무언가 꽝하고 터지는 것이 없다면 금방 질식이라도 해버릴 것 같은 갑갑한 주위가 사방에서 나를 향해 밀려들고 있었다. 어디에도 탈출구가 쉽게 보이지를 않는다.

「가라! 이 희미한 자식들아 아직 그따위 버릇을 버리지 못하고 있어-.」

얼결에 나온 내 고함소리에 놈들은 이상한 표정들을 하곤 인사도 없이 슬금슬금 모두 없어져버리고 말았다.

열 이틀째의 밤을 아내와 같이 보낸 후 나는 마침내 결단을 내리고 말았다. 떳떳이 군복을 입고 활개치고 다니는 옛 동료들을 보면 얼마나 부러운지! 군복을 벗어 팽개치고 시원해 하던 첫날에 비하면 아주 딴 내가 되고 말았다. 그날 밤 잠자리에서 아내는 내게 의외의 말을 속삭여 주었다.

「여보, 저어….」

「응, 뭐 말이야.」

「저어… 어쩐지 몸이, 벌써 다섯 달이나….」

「뭐 정말이요. 그럼 당신이- 어디 좀 봅시다.」

「아이 부끄러워. 그런데 여보- 남자가 좋을까요 여자가 좋을까?」

아내는 한껏 부푸는 즐거움을 이기지 못하는 것 같았다.

아내가 임신을 했다는 건 정말 나에게 충격적인 뉴스였다. 철도 모르는 천애의 고아가 자라서 이제 아버지 소리를 듣게 되다니-. 아! 나는 생의 기쁨을 다시 찾은 것 같았다. 내가 못다산 제2의 생명을 이 뱃속의 어린 것에게 물려주어야지.

「여보, 난 내일 부대로 가야겠소.」

「벌써 휴가기간이 끝났나요? 아직 열흘밖에 안됐는데?」

「처음부터 얘기를 하고 싶었지만 당신의 그 기뻐하는 모습을 대하니 지금껏 얘기를 못했지만 이젠 난 용기를 얻었소. 여보, 나처럼 이렇게 입대 후 일찍 오는 휴가병을 보았소?」

「아! 그랬군요. 어쩐지 늘 안절부절못하며 방안에만 계시던 당신의 그 표정이 바로… 여보 어떡하면 좋아요. 내일이라도 누가 쫓아오지 않을까요? 여보.」

「괜찮아 당신이 이렇게 염려해주는데 나에게 그런 불행한 일이 있을라구. 난 내일 떠날 생각이오. 그리고 떳떳이 군 생활을 마쳐야겠소. 당신과 지금 태어날 이 어린 것을 위하여서라도- 지금 들어가면 어떤 벌이 기다릴지는 모르지만 난 달게 받아야겠소.」

「그래도 어쩐지 걱정만 돼요.」

「자, 어서 잡시다. 응, 내일 일찍 떠나야할 나를 위해서도.」

우린 서로 어둠 속에서 각각의 초점을 찾으며 쉽게 잠이 들지 않았다. 아직 내 얼굴을 기억이나 할까한 중대장 그리고 C 소대장 또 나로 인하여 피해 받은 중대 동료들, 그들의 눈망울이 성난 황소처럼 두렵다가 차차 인자한 양의 얼굴처럼 사그라져 갔다.

한밤이 지났다.

떠날 차비를 하면서도 아내는 사뭇 걱정에 쌓인 우울한 얼굴이었다. 바로 그때였다.

「여, 박형. 정말 찾기 힘들군. 그래 주소만가지고 어림도 없는걸, 그간 잘 놀았는가?」

「아이구 김 병장님. 웬일이십니까 여길 다 들리시다니.」

그리고 나는 아내나 장모가 눈치를 못 채게 눈을 끔적해 보였다. 교육계를 보는 강릉태생의 김 병장이 여길 왔다는 건 뻔한 일이었다.

「들어오십시오. 김 병장님 모처럼 여길 오셨는데 그냥이야 가시겠습니까. 자, 어서.」

나는 싫다는 김 병장을 붙들어 방에 앉히자 아내와 장모는 부산히 음식상을 차려왔다. 단둘이 되자 김 병장은 사실 얘기를 하는 것이었다.

「중대장님도 다 이해하구 계셔. 이해는 용서로 보아도 좋지 않은가. 중대장님께서도 전입 후 곧 신상파악을 해보신 후 자네가 무의탁 사병이며 또 결혼까지 한 몸이란 걸 알고 누구에게보다도 관심을 기울여 오신 건 사실이야. 이번 일만해도 중대장님은 다시 자네가 돌아올 날을 기다리고 계셨어. 어떤가, 이제는 들어가는 거지?」

「네. 그렇지 않아도 지금 막 출발하려는 길이었습니다. 김 병장님 죄송합니다. 제가 잘못했습니다. 그간의 제 심정은 어느 때보다도 괴롭고 외로웠습니다. 이제 다시 광명을 찾아야겠습니다. 김 병장님, 저를 부대까지 데려다주십시오. 누구보다도 모범적인 군인이 되도록 노력하겠습니다.」

부대에 도착하긴 그 이튿날 4시경, 나는 우선 중대장을 찾아갔었다. 어느 때 보다도 온화하게 느껴지는 중대장의 모습이 모든 불안의 그림자를 깨끗이 씻어주었다.

「너의 심정, 환경, 이 모든 것을 중대장은 다 이해한다. 네가 없어진 후 나는 왜 너에게 조금 더 관심을 기울이고 돌봐주지 않았는가 하고 후회했다. 그러나 내가 믿은 것만큼 너는 나에게 실망을 주지는 않았다.

그리구 난 네가 꼭 돌아오리라 믿었다. 그렇기 때문에 너외에 어떤 사람에게도 너의 일을 문제화하지는 않았다. 김 병장을 통해서 들었지만 네가 다시 중대로 찾아 나섰다는 얘기로 나는 너를 옳게 평가했던 것이 맞았다고 생각한다. 궤도를 벗어난 차량이 옳게 달릴 수가 없듯이 사람도 그 과정을 뛰어

넘을 수는 없는 법이다. 긴 이야기는 않는다. 주어진 3년간의 임무는 치러야지 않겠나. 앞으로 너는 내가 가장 믿고 자랑하는 모범병사가 될 줄 안다.

가족걱정은 나와 같이하자. P 하사와 같이 앞으로 수령계를 보도록 해라.」

그 후의 내 생활은 무척 재미있었다. 중대원들의 주부식을 수령해오는 수령계 업무는 마치 시장에 간 어머니처럼 중대원에 대한 애착을 느끼게 하였다. 한 모의 두부라도 더 수령해서 전우들을 먹여야겠다는 모성애 같은 마음.

아내가 그리울 때마다 뱃속에 든 아기를 생각하며 좋은 아버지가 되어 주어야지 하는 생각이 굳어졌다.

몇 개월의 세월이 흘렀다. 아내에게서 편지가 왔다. 해산소식이었다. 귀여운 남자애를 낳았다는 아내의 편지를 읽으며 나는 답장할 생각을 해보는 것이다.

「…경험 있는 생활이라야 참된 내일을 가질 수 있다고 느꼈소. 얼마나 떳떳한 보람찬 삶이 이루어지고 있는가는 이제 며칠 후 휴가 시 당신을 만나면 밤을 새며 얘기하리다. 아무쪼록 건강하고… 참 그 놈 이름이나 잘 지어보오. 나도 생각해볼 테니 이 애비만큼만 결단성이 있는, 아니 더 나은 사람이 되도록 하는 건 모두 당신에게 책임이 있소. 경험이 얼마만큼 중요한 인생에 있어서 한 위치를 차지한다는 건 새삼 얘기하지만 내 인생은 이번 일로 하여 조금씩 움직여 가고 있다는 걸 진심으로 느끼고 있소. 그럼 정말 즐거운 휴가를 당신도 같이 기다려주오….」

金中士의 눈물

서기 1964년 10월, 휴전선이 가까운 강원도 고성군 간성 주변의 어느 조그마한 마을. 마을이라지만 여남은 가구가 옹기종기 모여 있는 해변가에 남자들은 6·25전쟁 때 죽었거나 납북이 되고 더러는 남쪽으로 떠나버려 늙은 여자들만 사는 것 같은 마을이라 밤은 더더욱 조용하고 괴괴한 느낌마저 들었다.

해안이 짧은 동해 바다의 파도가 마치 마당 끝에서 철석이듯 소리를 내고 있었다. 침이 바작바작 마르는 입에 즐기지도 않는 화랑담배를 연거푸 피우던 김 중사는 부대 의무병인 내가 들어서자 손을 덥석 잡으며 반겼다.

“이사람 유 병장 왜 이제 오는 거야. 좀 빨리 오지 않구….”

“예 김 중사님, 지금 속초에서 막 오는 길입니다. 필요한 주사약이랑 준비 좀 해가지고 오느라 막차도 겨우 탔어요."

"그래 고맙네."

"사모님 지금 상태는 어떻습니까?"

"아직 심하지는 않고 간간히 배가 아프다고 하더군."

"그런데 왜 나와 계십니까, 옆에서 지켜 주시지 않고…."

"주인집 할머니가 계시기는 한데 연세가 높고 더구나 눈이 어두워서 유 병장을 얼마나 기다렸는지…. 나는 가슴이 떨려 곁에 있을 수가 없더라고."

군복 몇 벌만 덩그라니 걸려있는 단칸방에서는 김 중사의 부인이 얼굴이 땀에 흠뻑 젖은 채 벽에 기대어 희미한 눈동자로 천정을 쳐다보고 있다가 내가 들어가자 나름대로 반색을 하며 무거운 자세를 고쳐 앉았다.

아직 어머니가 되기에는 앳돼 보이는 김 중사의 부인은 첫 아기 출산에 대한 두려움과 의사도 없고 주위에 믿고 산파역을 맡길 사람조차도 없다는 데 크게 두려움을 가지고 있는 듯 했다.

내가 옆에 다가앉자 주인집 할머니가 앉은걸음으로 물러났다.

"사모님 좀 어떠세요. 저녁을 얼마라도 드셔야 하는데…."

"예. 할머니가 미음을 끓여 주셨어요."

"제가 병원에 가서 주사약이랑 모두 준비를 했으니 안심하고 힘을 내십시오."

그제야 산모는 조금 마음을 놓는 것 같았다. 그러나 내가 무얼 알고 있는가? 만용이었다. 육군군의학교에서 짧은 위생병 과정 교육만을 마치고 바로 전방에 배치된 상황에서 더구나 파견근무를 하는 중이라 군의관의 지도마저 받지 못한 상태에서 임산부를 돌본다는 것은 생각지도 못했던 일이었다.

삭막한 전방지역이라 산부인과 전문의는 물론 병의원도 가까이 없었고 다만 120여리나 떨어진 속초에 가야 진료를 받을 수가 있었다.

더구나 나 자신 총각의 몸으로 임신이 되는 과정이야 짐작은 갔지만 출산에 있어서는 들은 바도 본 바도 없는 문외한이라 김 중사의 간곡한 부탁을 받고 몇 번 그 집을 가보긴 했어도 도무지 자신이 없었고 김 중사의 부인 역시 출산 경험이 없는 초산부라 답답하기 짝이 없었다. 그동안 몇 번 속초의 산부인과 의원을 찾아 간단한 조산 지식을 습득하고 자궁수축제 주사앰플을 준비하긴 했으나 불안하기는 임산부나 다를 바가 없었다.

위생병으로서 무의촌 해안마을의 대민 진료를 하는 것도 일과 중의 중요한 임무였기 때문에 민간인을 치료하거나 투약하는 일은 많았지만 출산을 도와본 경험은 전혀 없었다.

그럼에도 내가 용기를 낼 수 있었던 것은 평소 김 중사를 너무 잘 알고 있었고 또 늘 가까이서 군의 상하관계를 떠나 가족같이 정이든 때문이기도 했다. 이북에 고향을 두고 혈혈단신 월남한 김 중사는 오랜 방황 끝에 늦게 직업군인으로 들어와 전방부대를 전전하다가 작년에 부대 이동으로 이곳에 온 뒤 어느 할머니의 중매로 부모 없이 자란 할머니의 집안 손녀뻘 되는 지금의 부인을 얻게 되었다. 김 중사의 나이가 너무 많아 처음에는 문제가 되기도 했지만 서로 처지가 비슷하고 또 고생을 해본 늙은 총각이라 색시를 아껴줄 것이라는 할머니의 주장 때문에 마침내 결혼을 하게 되었다.

평소 김 중사는 직업군인으로 근무를 해도 가족이 없다보니 돈이 모일 리 없었고 사람 좋은 성격 때문에 부하들과 어울릴 때는 종종 넉넉지 않을 주머니를 털어버리곤 했다.

그러다 외로움을 느낄 때면 슬며시 속초의 뒷골목을 찾아 여자를 만나고 온다는 것을 그가 성병을 얻어 은밀히 나를 찾고 나서야 알게 되었지만 그의 심중을 헤아려보면 돌팔매질을 할 수가 없었다. 치료를 해주면서 그에게 생활의 정착을 권유했고 그래서 부인을 얻게 된 데는 내 힘도 적지 않았다.

결혼 후 얼마 지나지 않아 부인의 임신을 제일 먼저 내게 알린 후 어린 애처럼 기뻐하던 김 중사는 그날부터 완전히 생활이 바뀌었다. 많이 하던 술도 거의 끊었고, 퇴근 후면 곧장 집으로 돌아가 부인과 함께 하는 시간이 늘었다. 아내가 사랑스럽고 자신의 핏줄을 이어받은 아이가 태어난다는 게 그에게는 몹시도 가슴 설레는 일 같았다.

"군인양반 들어와 봐요."

할머니가 문을 열고 다급하게 소리를 질렀다. 김 중사와 나는 피우던 담배를 버리고 달려갔다. 산모의 진통이 시작되었다.

"김 중사님 부엌에 가서 물 좀 데워 주세요."

"응, 물 올려놓았어."

나는 손을 씻고 비장한 각오로 산모의 몸을 잡았다. 진통이 연속적으로 오기 시작했다. 밖에서 기다리던 김 중사가 산모의 비명을 듣고 방으로 들어왔다.

"여보 정신 차려요. 응, 여보."

"나가, 나가란 말이야. 아이구 나 죽어요."

"사모님 힘내세요. 괜찮아요."

어느 사이 내 얼굴에도 땀이 흘러 내렸다. 산모가 잡고 있는 내 팔에서 통증이 느껴졌다. 김 중사도 제정신이 아닌 것 같았다.

"여보, 조금만 참으라구."

"보기도 싫어. 나가."

갑자기 산모가 머리맡의 물그릇을 김 중사에게 집어 던졌다. 나는 김 중사를 밖으로 나가도록 눈짓을 하고 찬찬히 산모를 살피니 몸이 열리면서 아, 놀랍게도 아기의 머리가 탁구공만큼 보이기 시작했다.

나는 의사에게 교육 받은 대로 지금이 적시다 싶어 산모에게 자궁수축제 주사를 놨다.

"아저씨, 아기가 뒤로 빠지는 것 같아요."

산모의 다급한 목소리에 나는 산모의 뒤에서 양손으로 어깨를 잡고 오른쪽 무릎으로 미추부분을 받친 채 외쳤다.

"자, 이제 됐으니 조금만 더 힘을 써 봐요."

비명을 지르면서 산모가 다시 힘을 주자 드디어 아기의 머리가 나왔다. 참으로 신비한 일이었다.

순산이었다.

"어이구 고추구나 고추야!"

할머니의 손에 안긴 아기의 우렁찬 첫울음이 나에게는 아득히 들렸다.

"아! 드디어 해냈구나."

맥이 쭉 빠지는 나른함 가운데서도 내 손으로 새로 태어난 생명을 온전하게 받아 냈다는 자부심이 마음 속 저 깊은 곳에서 방망이질 하고 있었다.

할머니를 도와 태를 가린 후 후산을 마치고 아이와 나란히 누운 산모의 얼굴을 보니 어쩌면 그렇게도 평안하고 의젓하고 범할 수 없는 위대함이 보이는지 새삼 어머니의 큰 얼굴이 거기 있는 것 같았다.

땀을 닦으며 밖으로 나오니 가을밤 공기가 차가우리만치 시원하였다.

"김 중사님, 김 중사님 어디 계십니까?"

"응, 나 여기 있네."

대문 밖 느티나무 아래에서 김 중사는 눈물을 닦고 있었다.

"이보게, 아이가 기형은 아니던가?"

"예? 아, 아닙니다. 건강한 아들입니다."

아버지가 된 기쁨과 지금까지 무질서했던 생활과 성병을 앓은 경험을 몇 번이나 걱정했던 김 중사였다. 그의 눈물 속에는 자신의 삶을 반성하며 가장으로서의 각오를 다지는 뜨거움이 있었다.

"김 중사님 오늘 저녁은 파도 소리가 유난히 크게 들리네요."

"그래 유 병장. 이제 난 좋은 아버지, 훌륭한 남편이 될 걸세. 내 저 파도에 맹세하지. 유 병장 정말 고맙네."

일주일 후 부대 동료 몇몇과 함께 따끈한 미역국을 얻어먹으며 유난히 머리통이 큰 아기의 앞날을 한껏 축원했다.

군복무를 마치고 제대한 지도 어느 덧 30년, 그 후로 서로의 소식은 끊어졌지만 그 아이는 지금 서른 살의 헌헌장부가 되어 외로운 부모를 잘 모시고 훌륭한 사회인이 되어 있으리라고 굳게 믿는다.

그 때의 경험으로 나의 세 아이도 모두 내 손으로 출산을 도와 나름대로 제 몫을 다 하도록 잘 키운 것은 그때 겪어본 성스러운 출산의 신비함과 그때 김 중사의 뜨거운 눈물이 잊히지 않고 있기 때문이기도 하다.

姜 下士

백제의 계백장군이 오천결사대를 이끌고 최후의 결전을 벌였다는 투혼의 현장 ○○훈련소 신병교육대의 12월은 바람이 차고 매서운 날씨였다.

군대라는 용어에 지레 겁을 먹은 데다 날씨마저 이렇게 춥고 보니 몸과 마음이 절로 움츠려 들었다.

더구나 훈련소에서 삭발의 슬픔을 당하기 싫어 미리 박박 깎아버린 맨머리는 더 더욱 추위를 견디기 어려웠다.

훈련소 내 잘 정돈된 막사를 들어서서 중간통로를 두고 양쪽에 마주앉은 사십 여명의 신병들은 하나 같이 반쯤은 얼이 빠진 듯 공포 분위기에 싸여 있었다.

"앉아." "일어 서."

몇 번의 연속 동작 끝에 침상에 앉은 사병들은 눈알 하나 움직이지 않고 정면을 향하고 있었다.

"오늘부터 너희들의 내무반 생활을 책임질 선임하사 강 하사다. 약 두 달 동안의 훈련기간 중 본 선임하사의 지시에 따라 한 치의 어김없이 움직여 주길 바란다.

본 선임하사는 같은 일에 두 번 얘기하기를 싫어한다.

자, 모두 똑바로 들어라.

지금부터 너희들이 가진 소지품을 검사 하겠다. 주머니에 들어있는 물건은 물론, 팬티 고무줄 속에 꿍쳐둔 종이 한 장까지 모두 자기 앞에 내어놓는다. 실시!"

어느 영이라 금방 소지품을 꺼내놓았다. 담배, 손수건, 여자사진, 그리고 입영할 때 어머니가 꼬깃꼬깃 접어서 준 지폐들이 쏟아져 나왔다.

"모두 고개를 들고 눈을 감는다."

강 하사는 한 사람 한 사람 소지품을 검사해 나갔다.

작달만한 키에 손바닥 하나로도 덮치고 남을 얼굴, 유난히 튀어나온 입술 그리고 작은 눈은 벼락이 떨어져도 꼼짝하지 않을 것 같은 강 하사는 지난 해 여름 가뭄에 시달리며 모질게 익은 먹지도 못할 텃밭의 참외와 흡사 하다는 생각이 들었다.

"자, 모두 눈을 뜨고 소지품을 챙긴다. 그리고 오늘 낮에 한하여 우리 기간병이 배식해 주는 점심식사를 시작한다. 식사도 훈련의 일부이니 만큼 군기가 있어야 한다. 모두 배식을 확인하고 지시에 따른다."

찌그러진 부분을 돌로 두드려 편 듯한 때 묻은 알미늄 그릇 두 개에 밥과 국이 담겨 있었다.

차마 그 음식이 입에 들어가지도 않을 것 같지만 식사도 훈련의 과정이라니 어쩌랴.

"먼저 밥을 한 숟갈 떠서 입에 넣는다. 다음 구령에 따라 씹는다. 하나- 둘-, 하나- 둘-…."

열 번쯤 씹고 나니 입안의 밥은 어느 사이 다 넘어가고 없는데 구령은 계속되고 있다. 빈 입을 씹으며 그렇게 서른 번쯤 한 뒤에

"국을 한 숟갈 먹는다."

"다시 밥 한 숟갈을 떠서 씹는다. 하나- 둘-, 하나- 둘-…."

다섯 숟갈을 먹은 뒤

"자, 이제 훈련된 식사 방법으로 각자 식사를 한다. 남은 식사 시간은 2분이다. 실시!"

밥이 넘어 갔는지 국이 넘어 갔는지 모르게 모두 깨끗이 그릇들을 비웠다.

입소한 첫날부터 신병 훈련소 냄새가 났다.

기간병이 식기를 거둬간 뒤 다시 강 하사는 식사 군기를 교육했다.

"너희들이 식사를 끝낸 자리에 국물과 밥풀이 흘러 있다. 밥풀 하나에도 국민의 피와 땀이 어려 있는데 아직도 너희들

은 정신이 없다. 지금부터 1분 내 너희들이 흘린 밥풀과 국물을 깨끗이 주워 먹고 침상에 물 흐른 흔적이 없도록 한다. 단, 손으로 주워서는 안 된다. 실시!"

모두 엎드려 때 묻은 침상에 흐른 국물과 밥알을 혓바닥으로 개처럼 핥았다.

그 후 우리는 정신없이 훈련 일과에 매달려 뛰어다녔다. 보기도 싫던 밥그릇이 식사시간이 되기도 전에 기다려지면서 훈련병으로서 자세가 잡혀지고 있었다.

씨름을 하다 같이 입대한 동향의 Y군과 같이 두 사람의 담요를 모아 덮는데 이 친구 덩치가 워낙 커서 항상 나는 덩그런 천막 밑에 누운 것처럼 찬바람에 몸을 떨어야 했고 Y군은 배가 고파 내가 보기에도 민망할 만큼 고생을 하고 있었다.

"어이, 나 좀 보자구-."

저녁 점호를 기다리며 총기 수입을 마치고 화장실을 다녀오는데 선임하사가 은근히 나를 불렀다.

순간 나는 전기에 감전이나 된 것처럼 화들짝 놀라며 막사 밖으로 나가는 강 하사의 뒤를 따라 나갔다.

아무도 없는 막사 뒤에 단둘이 마주 섰다.

"자네 훈련에 고생되지?"

"괜찮습니다."

호칭까지 바꿔가며 강 하사는 마치 면회 온 가족처럼 다정스럽게 물었다.

도대체 어찌된 일인지 갑자기 머리가 이상해지는 것 같은 순간이 짧게 지나갔다.

"내가 평소에 자네를 좋게 보아 왔는데 앞으로도 훈련을 마칠 때까지 걱정하지 말라구. 어려운 일이 있으면 아무도 모르게 나에게 부탁을 하면 힘껏 도와주겠네."

"아! 예?…."

"오늘 자네를 만난 것은 다름이 아니라 내가 며칠 전 N읍에 외박을 나가서 술집 아가씨를 잠깐 가까이 했는데 그게 그만…, 의무대에 갈 수도 없고 남모르게 치료 하려니 여간 어려운 게 아니야. 그래서 고향집에 편지를 보냈는데 우선 약값이 필요해서 그러는데 조금만 빌려줘."

어려운 살림살이에 자식 군에 간다고 어머니는 어디서 빌려 왔는지 지폐 몇 장을 꼭꼭 접어서 손에 쥐어 주었다.

"네 속옷에 조그만 주머니를 만들어 놓았으니 이 돈을 넣어 뒀다가 배고플 때 빵이라도 하나 사 먹어라. 훈련소 다녀온 사람들 얘기 들으니 그렇게 배가 고프다더라."

그 돈을 며칠 전 개인 소지품 검사 시 강 하사는 눈여겨보았던 모양이니 돈이 없다 할 수도 없고 또 어느 면전이라 거절은 생각도 못할 일이었다.

두 말도 못하고 그 돈을 고스란히 넘겨주고 막사에 들어와 침상에 앉아 있으려니 며칠 전 Y군과 함께 잔반통에 들어있던 누룽지를 꺼내 먹던 생각이 났다. 행군하는 훈련병 대열

속에서 또는 가마니로 둘러친 간이 화장실에 염치 불구하고 몰래 들어와 수수떡, 밀가루빵을 팔던 아주머니들과도 이젠 별 볼일 없게 됐다고 생각하면서 그저 무사히 훈련이나 마쳤으면 하는 것으로 위안을 했다.

드디어 두 달간의 신병훈련이 내일이면 끝난다. 침투사격 훈련을 마지막으로 모든 일정은 사실상 끝나고 새로 군복을 지급받아 갈아입고 그간 훈련소 내에서 억울했던 일, 불편했던 일 등을 적어내는 소원수리를 하고 나면 다시 새로운 소속 부대로 떠나게 된다.

늘 긴장과 냉기만 돌던 내무반에도 오늘은 초저녁부터 설레는 것 같았다.

모두 저녁 점호를 기다리며 관물을 정돈하고 있는데 연락병이 오늘은 취침점호를 한다는 것이었다.

잠자리에 누워서 점호를 받는 취침점호야 말로 인원수만 맞으면 끝나는 것이니 얼마나 편한지 몰랐다.

소등을 한 희미한 막사에 모두 내일 떠난다는 기대감에 누워 있어도 잠을 이루지 못하고 있는데 기간병이 분주히 머리맡을 지나며 담요 밑에 손을 들이 밀었다. 슬쩍 만져보니 소주병 같았다.

두 사람 사이에 한 병씩이었다.

두 달만의 술, 더구나 훈련소 내무반에 술이 들어온다는 것은 상상도 못한 일이었다. 모두 숨을 죽이고 있는데 강 하사의 풀죽은 음성이 들렸다.

“여러분 그동안 고생 많았습니다. 이제 내일이면 여러분과 저는 작별을 하게 됩니다. 지난 두 달 동안 여러분에게 여러 가지 모진 일도 많이 했습니다. 이제 마지막 이 자리에서 용서를 바랍니다. 그리고 여러분 모두에게 더 큰 용서를 비는 것은 여러분에게 빌린 돈을 갚지 못하고 빚쟁이로 남아서 소주 한 잔으로 대신 하고자 합니다. 사실 그동안 장기복무를 신청하여 훌륭한 하사관이 되겠다고 하던 꿈은 점점 사라지고 같이 입대한 동기가 제대하고, 후배들이 고향으로 돌아가는 것을 보면 미칠 것만 같았습니다. 나도 군복을 벗고 부모님은 한 분도 안 계시지만 고향으로 돌아가고 싶은 마음에 견디기가 어려웠습니다. 그럴 때마다 나는 밖에 나가서 술로 달래고 여자를 안았습니다. 그러다보니 내 몸은 그간 숱한 병마와 술 때문에 썩어갔고 벌써 되었어야 할 진급은 되지를 않았습니다. 여러분 모두에게 소중한 돈을 빌려 갚지도 못하고 탕진한 저에게 여러분이 모진 발길질을 하여도 좋습니다. 해서는 안 될 일이지만 여러분에게 드린 안주 없는 깡소주 한 잔에 못난 강 하사를 잊어 주십시오. 여러분 정말 죄송합니다.”

우리는 그날 저녁 컴컴한 침상에 누운 채로 강 하사의 눈물 같은 소주병을 번갈아 빨며 뜻도 없이 모두 눈시울을 붉혔다.

이튿날 우리는 하나같이 소원수리 용지를 백지로 내고 전방으로 가는 전우는 두툼한 솜바지를 지급 받았고 나는 M시에 있던 육군군의학교로 배치되어 음력 섣달 그믐날 다시 남행열차를 타게 되었다.

삼십이년이 지난 지금, 그때 훈련소를 떠나는 소대원들을 정문에서 바라보며 말없이 손을 흔들던 강(姜) 하사는 그 후 몸도 마음도 건강한 가운데 자랑스러운 고참 주임상사가 되어 젊은 하사관들의 선망을 받으며 많은 활동을 하다가 영광스러운 훈장을 가슴에 달고 군문을 떠나서 이제는 평안한 노후를 보내고 있으리라 믿는다.

一等兵 落書帖

○ 月 日

故鄕에서 오랜 간만에 편지가 왔다. 그것도 가장 친한 K군의 글. 그래 나는 텅 빈 사무실에서 촛불을 밝히고 答狀을 썼다.

"…(전략) 젊은이들끼리 이런 감상적인 글을 교환한다는 것은 부끄럽게 생각할지 모르겠네만. 감상적이라는 것이 때로는 여유가 있는 가운데서 생겨나는 자신(自信)이라고도 한다면 또 멋있는 生活이 되기도 할 테지.

저기쯤 아련히 조각달이 비춰주는 그믐도 가까운 날 하늘엔 별자리들만이 외로운데, 그 차가운 새벽별에 희미한 그림자를 느리고 M-1 총대를 잡은 채 石像처럼 서 있는 K군 자신의 한 영상을 생각해보게. 거기는 이미 초월한 人間의 世界

가 저기쯤 물러가 있고 아름답다고 느껴왔던 사람도 後日의 일들이라고 다짐하는 自身을 發見하고서 어쩌면 흐뭇해지는 마음을 가질지도 모를 것이네. 아련한 먼 옛날을 불러주던 반딧불의 追憶도 몇 時間 前에 사라진 얘기.

이따금 산짐승 소리가 여운을 남겨줄 뿐. 그것이 향수심을 일으켜 준다고 생각하는 兵士는 다만 M-1 총기를 더욱 정답게 끌어안을 뿐일세. K군, 머지않아 먼동이 트고 희미한 이 변두리에 우뚝우뚝 선 哨所幕들이 왼밤을 같이 지내온 愛人의 얼굴처럼 다시 피어오르는 것일세(후략)…."

○ 月 日

P.X는 一等兵의 낙원이다.

한주일의 총 결산인 내무사열을 끝낸 土요일 午後의 푸근하고 흥겨운 마음이란 軍服이 아니면 느껴보지 못할 그 무엇이 있다.

來日이 있다. 그리고 오늘 午後 몇 시간. 이 有用하게 주어진 時間을 어떻게 쓰는가 하는 것이 즐거운 苦役이 되고 있다.

침구 밑에 넣어서 줄을 세운 作業服을 걸치고 나서면 서로 헤어져 있는 他部隊의 同期들을 만나고도 싶어지고 아니면 어디선가 정다운 이가 불쑥 면회라도 올 것 같은 기다림에 공연한 가슴을 울렁거려 보기도 한다. 그래도 역시 가장 가까운 곳이 우리의 P.X다.

쥐꼬리에 비기기도 어색할 봉급이지만 한 주일 한 주일 한 달 동안 술 몇 잔 먹기에는 充分한 금액이 기다리고 있다. sign만 쓱하면 친구 몇 이와 막걸리잔을 기우리며 한 주일의 쌓인 피로를 放談 속에 풀어본다. 아니면 그간에 온 故鄕 편지도 서로 바꾸어 읽어보고.

갖가지 生必品을 판매하는 P.X지만 역시 막걸리에 취하는 우리 一等兵의 土요일 오후의 낙원으로 밖에는 생각나지 않는다.

지금 때쯤 故鄕에 가면 어머님은 시원한 보리술에 풋고추 안주로 수고한 아들을 맞아주실 것이다.

술은 그래서 士兵들에게 잊지 못할 벗이 되고 있다.

○ 月 日

어느 때고 느끼는 일이지만 회색의 제대복을 볼 적마다 부러움이 앞을 선다. 우리에게도 아니 나에게도 저런 날이 돌아올 것인가 하고-. 그러나 연륜이 쌓이면 올 것은 오는 法이다. 二等兵이 부럽기만 하던 訓鍊所 生活이 지금은 아득한 먼 옛날의 이야기가 되었다.

또 어느 때 쯤 되면 꿈 많고 보람 있던 一等兵 生活도 反省을 전제로 한 옛 이야기로 남겠지.

除隊하는 선배들에게서 참 배운 것이 많다. 그 분들의 "추억록"에 축하합니다를 쓰면서도 3年이 긋고 간 발자욱을 생각해 보는 것이다.

二等兵 生活 一等兵 生活 첫 휴가, 참 많은 일들이 교차되었겠다. 때로는 흡족한 마음이 들 때도 있겠고 또는 뼈저린 후회와 아쉬움이 곁들인 채 다시 반겨줄 社會로 나가는 것이다. 生氣있고 약동하던 一等兵 生活도 除隊者를 볼 적에는 알 수 없는 우수와 회의 속에서 다시 한 번 지금의 나와 지난날의 나와 또 먼 어느 날의 自身을 그려보는 것이다. 내가 除隊服을 입는 날은 한 점의 후회도 없는 깨끗한 三年의 歷史를 기록하고 싶은 것이다.

녹음이 곧 단풍이 되고 맑은 가을하늘 위의 달을 쳐다보노라면 어느 사이 흰 눈이 펄펄 내릴 것이다.

첫 휴가, 어머님 얼굴, 그리고 반기는 淑이의 모습. 한 해를 보내고 또 해를 맞고-. 즐거운 공상은 끝이 없다.

○ 月 日

「화랑」 담배를 꺼내드는 시간이 우리 바쁘기만 한 一等兵

生活 中에서는 역시 즐거운 時間이다.

고된 한 시간의 訓練을 마치고 짧은 휴식시간에 피워 무는 한 개비의 담배 맛. 또는 고된 作業에서 땀을 흘리다가 시원한 그늘에서 담배를 피울 때의 맛 아니면 책상머리에서 복잡한 事務에 틈타 머리를 식히는 한 개비의 화랑 담배 맛이란 실상이외의 즐거움이 담겨있다. 나도 가끔 담배를 피울 때가 있다. 늘 피우는 편은 아니니 즐기는 편은 못된다고 생각을 하지만 역시 담배가 생각날 때가 있다.

고향으로 편지를 쓰다가 아련히 솟아나는 옛 생각에 필을 놓게 되면 어쩔 수 없이 담배를 꺼내든다.

담뱃불을 붙이고 몇 모금 빨고 나면 그 쓴 담배기운에 더 피지를 못한다. 하아얀 담배가치에서 한 줄기 뿜어 오르는 하얀 담배연기. 이 담배연기의 매력, 그 永遠한 이야기의 수수께끼는 잊을 수가 없다. 허구 많은 이야기들을 가슴에 담은 채 고이 숨져간 어느 少女의 혼을 생각한다. 또는 얼만큼 성숙해서 잃어버린 女人의 얼굴이 그립다. 연기가 스치고 간 지점은 회색의 재를 남기고 만다. 모든 것을 태워버린 그 재를 털어버리고 나면 문득 現實로 되돌아온 듯 내 自身을 發見한다. 이래서 내가 피우는 담배는 생각을 위한 생각 草가 되어 있다.

○ 月 日

먹는다는 本能은 生을 영위하는 모든 生命体에는 다 같을 것이다. 먹기 위해 사느냐? 살기 위해 먹느냐는 질문을 받으면 선뜻 대답하기가 힘들 것이다.

먹기 위해 산다는 대답을 했다면 주위 사람들이 손가락질을 할는지도 모른다. 生을 모독한다는 이유에서-.

그러나 언제나 人間은 生을 위해 먹는 것만이 될 수가 없다. 먹기 위해서 목숨까지도 잃어버리는 實例를 우리는 한두 번 보고 듣는 것이 아니다. 이런 우울한 얘기를 되뇌고 싶진 않지만 기막힌 식량사정을 듣고만 있기에는 노파심인지는 몰라도 고향에 남은 가족의 생계문제에 걱정이가는 士兵이 한둘은 아닐 게다.

이미 故人이 되었지만 C上兵의 자해사고 원인이 어디 있었던가?

들어서기만 해도 땀이 줄줄 흐르는 식당에서 옷을 벗어놓고 식사를 하는 戰友들을 볼 적마다 참 많은 생각들이 난다. 밥이 설었다거나 평생 처음 먹는 가지국, 고추국을 준다고 不平할 아무런 이유도 없을 것 간다. 나라를 지키는 대가, 아니 生을 위한 한 수단이라고 보면 언젠가는 밥이 不足한듯 빈 밥그릇을 들고 서운해 하던 얼굴들이 지금은 어쩌지 못해 먹는 表情들이니, 여름 더위가 유죄라고나 할까?

○月 日

생각 탓인지는 몰라도 요즘은 면회객이 훨씬 더 많아진 것 같다. 떠난다는 아쉬움과 자기대로의 고독을 풀어가노라면 때로는 뜻하지 않는 일들이 생각날 때가 있다.

먼 南海바닷가에서 사귄 그 少女가 山이 그리워서가 아니라 헤어질 때 못다 한 이야기들을 안고 불쑥 찾아올 것만 같은 기다림.

또는 장마철에 시달리면서 그 자식 키우듯 아껴 길러놓은 논바닥에서 풍요한 벼 이삭이 쑥 올라오는 커다란 기쁨을 같이 나누고자 먼 호남지방에서 올라오시는 모시적삼의 父母님네들. 生活에 여유가 있다는 증거일지는 모르지만 官內 위병소를 바라볼 적마다 갖은 생각이 솟아난다. 어느 날은 흰 모시 두루마기의 村노인이 기다릴 때도 있고 또 어느 날은 흰 블라우스에 까만 스커트의 청초한 女學生차림의 少女가 기다릴 때도 있다.

설사 그들이 나를 찾아올 것이야 아닐 테지만 멀리서라도 그 면회객들을 바라보노라면 가슴 한 구석 기쁜 마음을 금할 수가 없다.

첫 휴가도 가보지 못한 어느 一等兵의 경우, 눈발 날리던 겨울 어느 날 논산 훈련소로 보낸 어리기만 하던 아들이 지금은 구리빛 건장한 얼굴에 군모를 단정히 쓴 씩씩한 國軍이 되어 면회 온 父母님을 만나는 그 순간이야 말로 참다운 軍生活의 기쁨이리라.

○ 月 日

아침, 저녁 산들바람에 탐스럽게 익어가는 밤송이들을 바라보노라면 무언지 모를 그리움이 솟구친다.

단순한 향수심만도 아니다. 그리고 故鄕에 두고 온 그리운 이의 생각만은 더 더구나 아니다. 病的인 것처럼 때때로 생각나는 人生에 對한 회의와 욕망, 바로 그것이다. 가을을 일러 生活의 계절이라고 한다. 모든 게 새롭게 되는 季節이다.

天高馬肥라는 表現보다 얼마든지 더 좋은 가을의 찬미문구가 있을 것이다. 그러나

우리는 軍人. 애수가 깃들 수 없는 단순한 感情속에서 이 가을을 맞이하고 또 보내야 하겠다.

"너희들은 도대체 뭐냐. 이것도 아니고 저것도 아니고 생각을 대담 솔직하게 表現해 보란 말이다. 슬퍼도 아무렇지 않는 척 기뻐도 그런대로-. 이렇게 지내는 너희들의 生活태도를 모르겠단 말이야. 내가 젊었을 적에는 素月詩集을 꺼내들고 책상머리에서 울음으로 밤을 센 적이 한두 번이 아니야……."

문득 생각나는 高等學校 2學年때의 体育先生의 이야기였다.

多情多感한 젊은 時節이 어떻게 흘러가는지도 모를 안타까움이 가을을 맞고 그리고 가을바람에 익어가는 밤송이를 보고 느끼는 그리움인지도 모른다. 어서 가을이 깊고 단풍을 바라보며 생각할 수 있는 날이 와야겠다.

○ 月 日

또 몇 덩어리의 짐을 쌌다.

그렇게도 정성껏 매만져 왔던 내무반이며 창고의 비품들이 무자비한 새끼줄에 묶여 갈 곳을 기다리고 있다.

이사 세 번 하면 화재 한 번과 같다는 말이 있다. 만들 때에는 한 가지라도 더 정성껏 힘을 들이던 것이 막상 거두어 묶어보니 취급이 소홀해 지기 마련이다.

원거리 제한을 받는 것이 되고 보니 생각했던 것처럼 알뜰히 옮길 수 없을 것 같다.

그때가 아마 高校 3學年 되었을 때였다. 나대로는 큰마음을 먹고 강원도 지방으로 무전여행을 떠난 일이 있었다. 맑고 깨끗한 東海岸의 풍경들을 글로 쓰고 싶었던 나대로의 욕심에서 였다.

그때의 낯선 山간에서 단간 房에 홀로 밤을 드샐 때의 서글픔이란 당장 고향으로 뛰어오고 싶은 마음뿐이었다. 그러나 먼데로 떠나는 行列, 거기 외로움을 이야기해 주듯 여러 개로 묶어놓은 짐들을 볼 적이면 역시 서글프다는 생각 외에는 다른 것이 없다. 하지만 오늘의 짐싸기는 안일한 쉴 곳을 찾는 것이 아니라 우리의 기른 힘을 겨루어 볼 시험장으로 나가는 준비 행동이란 걸 생각할 때 이별에 따르는 슬픔이란 선입관이 싹 가시어 진다. 어서 푸른 東海가 반겨주는 푸른 軍服의 고향을 찾아가고 싶다.

○ 月 日

새로운 곳에서 새 生活에 젖어온 지도 어느 덧 2個月 가까이 되는 것 같다. 낯설지 않는 환경을 만들고자 부심해온 까닭도 실은 오늘 같은 날을 위해서인지도 모른다.

옛 곳을 떠나면서 가슴 속 울적하던 회포들을 한데모아 그래도 잊히지 않는 것은 남기고 온 姉妹學校 「東明」 아가씨들 생각이었는데 새 生活에 젖어가는 우리의 生活을 알려준 便紙글이 東明校紙 「향상」 24號에 "단풍에 어리는 姉妹의 情"으로 게재되었다. 얼마만큼은 그리움을 대신한 것처럼 느껴졌지만 역시나 落葉이 뒹구는 高地에 서면 알 수 없는 가을의 애수를 느껴본다. 한없는 욕망의 世界가 한꺼번에 밀어닥치는 것이다. 故鄕의 가을에 피로한 몸을 담그고 싶다. 그리운 이의 따스한 품속이 그립다. 가을 달이 유난히도 밝은 밤이면 보오얀 창문에 어리는 희미한 등잔불 아래서 할머니의 장죽처럼 긴 人生의 歷史를 읽고 싶다.

멀리 바다가 보인다.

가을의 바다는 더욱 차갑다. 후조처럼 왔다가 가버린 海女들의 호흡이 남아있는 바다는 차가운 그대로 가을의 매력이 있다.

하늘 빛 바다 빛이 온통 남빛에 짓 물들린 이 壯觀이야말로 위대한 가을의 所産이리라. 이래서 人生은 가을에 살고 가을이 주는 生活意慾에 가슴 부푼다.

호주제도 폐지에 따른 문제점과 전망

지난 6.25 전쟁 당시, 익어가는 벼를 보면서 이 집, 저 집 뒤주를 털어 쌀 몇 되씩을 싸서 둘러메고 고달픈 피난길에 나설 때 필자는 초등학교 학생이었고, 할아버지가 싸 주시는 족보(族譜) 한 질만을 메고 행렬을 따라 나섰다.

쌀 한 되라도 더 가져가는 게 피난길에 도움이 될 텐데 그까짓(?) 족보를 가져가다니-. 할아버지의 처신을 못마땅하게 생각했으나 그 족보의 소중함을 느낀 것은 한참 오랜 뒤였다. 호적은 족보와 일맥상통한다고 보는데 1958년 민법제정 이후 줄기차게 여성계의 폐지 압력을 받아왔던 호주제가 2005년 2월 국회 본회의에서 민법을 개정하여 통과시킴에 따라 2년여의 유예기간을 거쳐 2008년 1월 1일부터 폐지하게 되었다.

바뀌게 되는 주요 내용을 보면 먼저 호주제 관련 규정이

삭제되고, 동성동본 금혼제도가 폐지되어 6개월로 못 박혀 있던 여성의 재혼금지 기간조항도 삭제되었다.

또한 15세 미만의 양자를 입양할 경우 호적에 「양자」로 기재되던 것이 법률상 친자와 똑같은 권리를 행사할 수 있도록 하는 「친양자 제도」가 새로이 도입되었으며 부부 합의시 자녀가 어머니의 성과 본을 승계할 수 있게 하는 규정도 담겨 있다.

지금까지 지켜 오던 가(家) 단위의 호적이 국민 개인당 한 개의 신분등록부를 갖는 "1인 1적" 제도를 채택하여 개인 존엄과 양성평등의 원칙에 따라 가족 내에서 남녀가 차별받지 않도록 한다는 큰 줄기를 이루고 있다. 하지만 호주제 폐지에 따른 반대의견도 만만치 않아 시행에 이르기까지는 더 많은 여론 수렴과 지혜가 모아져야 할 것이다.

1. 호적에 대하여

1) 호적

집(家)를 단위로 하고 호주를 중심으로 하여 가족관계와 신분관계를 기재한 공문서로서 가적(家籍)이라고도 한다. 호적은 시, 읍, 면장과 구를 둔 시의 구청장이 작성하는 것으로 공적 신빙력을 가질 뿐 아니라 가족, 또는 친족으로서의 권리와 의무의 발생, 소멸의 법적 근거가 되고 연령을 산정하는데 있어서의 표준이 되고 있다. 또한 주민등록의 모태가 되는 것이다.

호적의 기원을 살펴보면 동양에서는 중국 돈황지방에서 발견된 416년 정월분의 호적이 오늘날 세계에서 가장 오래된 호적으로 평가되고 있다. 당시 호적부에는 행정구역의 명칭, 호주의 성명과 연령, 가족의 성명, 연령, 호주와의 관계를 기입하여 오늘날 호적의 기틀이 되었고, 호적 작성일자와 작성자 관원의 성명이 기재되어 있고, 노비는 호주의 호적에 등재되어 있다.

우리나라에 호주제도가 행하여 진 것은 삼국시대부터라 하나 고려 이후에 그 내용이 알려지고 있다.

고려 국법에는 남자 16세부터 60세까지 병역의무가 있고, 매년 호주와 가구를 조사한 것으로 보아 호적이 징병과 과역(課役)의 기초가 되었다.

조선조에서는 세종 10년(1428)에 비로소 호적을 정리 작성하고 3년마다 개정하였다고 전한다.

조선조 태종 2년(1402)에 제정된 호패제도는 호적과 관련된 것으로 16세 이상 남자는 반드시 차도록 하였다.

현재 시행되는 한국의 호적제도는 일제치하의 조선민사령(朝鮮民事令)과 조선호적령(朝鮮戶籍令)에 근거를 두었으며 1960년 1월 호적법 개정이래 몇 차례 개정을 거쳐 현재에 이르고 있다.

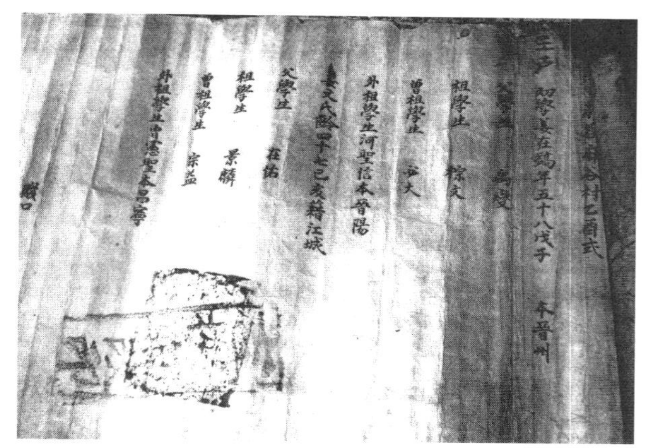

<조선시대 호적인 호구단자(儒林院소장)>

2) 호주

일가(家)의 계통을 계승한 자, 분가한 자, 또는 기타 사유로 인하여 일가를 창립하거나 부흥한 자로 그 가에는 반드시 호주가 있다.

호주는 선조의 제사와 가산을 승계하여 구성원의 장(長)으로서 가족을 통솔하여 거느린다(統領). 여기서 일가족이라 함은 호주의 배우자, 혈족과 그 배우자 기타 민법의 규정에 의하여 그 가에 입적한 자를 말한다. 호주는 그 가족을 통솔하지만 현행법상 가(家)가 법인은 아닌 만큼 대표자는 아니다. 다만 호주는 가족의 출생, 사망, 국적상실 등을 신고 할 의무가 있으나 이것 때문에 호주가 공법상의 지위에 서는 것은 아니고 사법상(私法上) 가족의 통솔자로서 호주권을 가질 뿐이다. 누구나 분가가 되거나 일가창립 또는 전호주 사망으로 인한 호주상속시 원시적으로 호주가 되며, 또 호주는 국적 상실 등의 경우 그 지위를 떠난다.

3) 호주권

한국의 전통적인 가족제도의 틀이 어른은 존경하고 젊은 사람들은 낮춰 대우하는 것이어서 호주권은 비속의 가족에게만 미치는 것이 특이하고, 가족을 통솔하기 위하여 호주에게 인정된 권능, 즉 가장권은 고대에는 절대, 무제한의 권리이며 때로는 공법상의 권리이기도 하였으나, 오늘날 우리나라에서는 가족제도의 큰 기둥으로만 되어 있다. 그러나 호주권은 포괄적인 권리가 아니고 개개의 사항에 관하여 인정되는 친권과 같이 제한적인 것에 지나지 않는다. 호주의 권리와 의무를 열거하면 대략 다음과 같다.

① 가족 부양의 의무

② 가족 거소(居所)의 의무

③ 가족을 분가시키는 강제권

④ 가족의 의붓자녀에 대한 입적 동의권

⑤ 가족이 늘 집을 지키고 있음에 대한 동의권

⑥ 호주의 직계혈족 입적권

⑦ 가족의 금치산, 한정치산의 선고 내지 취소 청구권

⑧ 가족의 후견인이 될 자격권

⑨ 가족에 대한 친족회의 소집권

⑩ 가족에 관한 친족회의에서의 의견 개진권

⑪ 친족회의 결의에 대한 이의 소송 제기권

⑫ 친족회의 의결사항을 대신 확정짓는 재판 청구권 등

우리나라의 전통적인 가부장(家父長) 제도 하에서의 호주권은 위에 열거한 바와 같이 3세대 이상의 가(家)의 운영에 상당한 영향력을 가지고 있었음을 알 수 있다.

2. 호주제 폐지

1) 문제점

2008년 1월부터 호주제가 폐지되도록 법안이 개정되었는데, 외국의 경우 일본은 2차대전 후인 1948년 1월부터 호주제가 폐지되었고, 스위스의 경우 1980년 가장(家長)제도를 법전에서 삭제하는 등 세계적인 추세가 호주제도를 폐지하는 쪽으로 기울고 있다.

우리나라의 전통적인 가족제도를 보면 호주제 존치가 헌법에도 큰 문제가 없다고는 하나 일본의 명치 헌법을 기본으로 하여 일제가 식민지 통치방법의 하나로 강제 이식한 호주제도는 조선시대부터 전해 오는 호적제도와는 개념이 달랐다. 그 때는 호주(戶主) 또는 호수(戶首)가 3년마다 호구조사 신고의 의무는 있었으나 특권은 없었고, 상속, 증여 등을 통해 가족에게 재산권을 부여(分財記) 하였으며 자녀에 대한 부권(父權), 처에 대하여는 부권(夫權), 노비에 대한 가장권(家長權)은 인정받고 있었다.

<한국인(사진: 박영주)>

1984년 갑오경장 이후 신분제도의 철폐에 따라 국가의 모든 제도가 근본적으로 바뀌었으나 호적법만은 수차례의 개정을 거듭하면서도 일제식민지 통치 하에서 시행된 호적의 범주를 벗어나지 못하고 있다.

그 가의 유지 및 영속성 보장을 위한 남자 우선 호주승계는 남아선호사상과 그에 따른 극심한 성비의 불균형을 이루어 사회적으로 많은 문제점을 안게 되었다. 또한 호주제가 가족 간 종적관계를 강요하여 변화하는 현대사회의 흐름을 막고 양성평등에 위배되며 여러 가지로 비민주적인 요소를 안고 있다 하여 마침내 헌법재판소가 호주제 위헌결정을 내리기에 이르렀다.

개정법에 의하여 호주제가 폐지됨으로 해서 달라지는 문제점을 예를 들어 살펴본다.

① 여자가 결혼하면 친정의 호적에서 시댁, 혹은 남편의 호적으로 옮겨지나, 각 개인이 호적을 갖는 1인 1적제가 되면 누구 밑으로 호적이 옮겨지는 것은 없어진다.

② 부성(父性) 승계 강제 조항에 의하여 자녀의 성은 무조건 아버지를 따랐으나 이제는 어머니의 성을 따를 수도 있다. 단, 혼인신고시 부부간 협의를 하여 통고를 한 경우이다.

③ "출가녀 제외" 조항이 삭제되어 부모를 모시고 사는 실질 부양자인 딸이 제외되었던 각종 연금 등의 상속 1순위자가 된다.

④ 이혼이나 재혼을 한 엄마와 함께 사는 전 남편의 자녀는 가정법원에 요청하면 엄마의 성이나 새아버지의 성을 따를 수 있어 「자녀의 복리」가 보장된다.

⑤ 남자에게 승계 순위가 앞서 있었던 호주상속은 호적 자체가 개인 호적이 되기 때문에 호주승계가 아무런 의미가 없다.

⑥ 가족의 의미와 범위는 남자나 호주 중심을 떠나 부부의

형제 자매들이 생계를 함께 하며 산다면 모두 가족으로 인정된다.

⑦ 호주가 가장 역할을 부여받고 있었으나 원칙적으로 부부는 동등한 위치가 된다.

⑧ 미혼모가 자녀를 키울 경우 친아버지의 성을 따라 호적에 입적되었으나 이제는 자녀 본인의 선택으로 개인 호적을 만들 수 있다.

위와 같이 개인 위주와 양성평등을 주축으로 개정된 호적법은 가계계승의 큰 몫을 하던 제사의례에 있어서는 제사의례를 통한 전통적 가족제도 유지(민법 제1008조 3)에 명시하기를, 분묘에 속한 1정보 이내의 금양임야(분묘에 딸린 벌목을 금하는 임야)와 600평 이내의 묘토와 농지, 족보, 제구의 소유권은 제사를 주제하는 자가 이를 승계하도록 명시하여 호주권 폐지에 따른 대안으로 제시하고 있으며 가계 계승은 족보에 기록하여도 가능할 것이라 하고 있으나 공동 선조의 분묘수호와 제사, 종원 상호간 친목을 위해 후손 중 성년 남자만을 종원(宗員)으로 구성되는 종족의 자연적인 집단이라는 종래의 종중(宗中)의 의미는 이번 대법원의 판결에 의거 성년의 여성도 종원이 될 수 있다 하였으므로 남자 중심의 종중문화에 큰 변화가 예상되고 "출가외인"이라는 여성들이 친정에 대한 종원의 역할을 다 할 수 있을지가 의문으로 남고 있다.

2) 전망

제일 먼저 호주제가 폐지되면 가족이 해체되고 호적사무처리에 혼란이 올 것이란 우려가 깊다. 2년여의 유예기간 동안 개정의 큰 틀을 바꾸지 않는 범위에서 많은 개선이 필요하리라 생각하지만, 우선 가(家)를 대표하던 호주 대신 부부와 미혼 자녀를 기본단위로 하는 1인 1적 편제 방식을 잘 운영하여 우리 사회에 뿌리 깊은 부계혈통주의와 여성 차별의식을 지혜롭게 정비하되 호적제도 면에서는 현행 골격을 크게 수정하지 않는 방향이 되도록 하는 것이 좋을 것이다.

부부와 미혼 자녀가 중심이 되는 현실의 가족공동체에 부합하는 호적이 되고, 호적실무에 있어서는 호주 이름으로 검색하던 것을 부부공동의 이름으로 검색하는 방법을 만들어야 하고 가족법의 주인은 개인이라는 국가적 사고가 우선되며 호적법의 근본은 사람 본위의 신분등록제가 될 것이다.

그리하여 부부와 부모 자식 간의 관계 파악이 쉽고 출생에서 사망에 이르기까지 한 사람의 신분변동 파악이 용이하게 한다. 나아가 전 국민 상호간에 친족관계 유무를 파악하는 내용 확인이 우수한 공시기능을 갖게 된다.

① 기본 가족제도가 개인별 등록제로 발전하고

② 현 주민등록과 일원화한 편제 방법을 도입하여 호적 실무의 능률을 향상시키고 속인적인 호적과 지역적인 주민등

록은 둘 다 주민대상의 등록제도이므로 이를 일원화하여 업무의 편의와 지역적인 차별 폐지

③ 자신이 인생의 주인공이라는 헌법이념에 부합하는 개인별 편제의 완벽한 운영

④ 등록이 개인으로 되면 호적이란 의미가 퇴색하므로 「신분등록법」 「신분등록부」 등으로 명칭변경도 고려

3. 맺는 말

호주제의 폐지는 헌법상의 이념인 개인의 존엄과 양성평등의 원리를 구현하는 것이며 변화하는 가족형태를 따르고 집단주의에서 개인의 책임의식과 자주독립을 고양시키는 촉매제가 되어야 할 것이다. 불균형한 성비로 국제 결혼이 늘어나고 양성평등의 생활로 여성의 사회 참여가 늘어 저출산 사태는 극심한 인구 감소로 국가의 장래를 걱정해야 하는 마당에 굳이 부계혈통을 고집할 수 없지만 혈통사회의 상징인 성(姓)의 문제가 슬기롭게 해결되어야만 진정한 호적법의 개혁이 이룩될 것이다. 그러나 호적법 개정에는 아직도 우리나라는 반만년 역사의 단일민족이란 의식이 크게 자리 잡고 있다는 것을 잊어서는 안 된다.

신암선열공원의 몇 가지 문제점

신암선열공원은 대구시 동구 신암5동 산 27번지에 소재한 국내유일의 애국지사 공원묘역이다. 많은 시민이 서울의 국립현충원이나 국립대전현충원, 그리고 최근에 광주시에 조성된 국립 5.18민주묘지에는 나름대로 익숙해 있지만, 우리 지역에 있는 신암선열공원은 잘 알려져 있지 않을 뿐 아니라 국립현충원에 비하여 시설은 보잘 것 없어도 이곳에 안장되어 있는 지역출신, 또는 연고가 있는 애국지사들의 공적은 훈격에 관계없이 그 크기를 가늠할 수 없을 만큼 거룩한 것이다.

이곳 동구 신암동에 선열공원이 조성된 경위는 처음 남구 대명동 시립묘지에 5기의 묘가 안장되어 있었으나 그곳에 당시 사회사업대학(지금 대구대학 전신)이 들어서면서 1955년 현재의 신암5동으로 옮겼고 여러 곳에 산재해 있던 독립운동

애국지사의 묘를 이장하여 현재 50위의 애국선열이 안장된 것이다.

시는 1986년까지 본격적인 묘지 성역화 사업을 마무리하고 1987년 3월 1일 마침내 신암선열공원을 준공하였다.

그동안 선열공원은 국유지 28.959㎡와 사유지 등 36.800㎡를 확보하고 이장한 묘지에는 묘비, 상석 등 석물을 갖추었으며 단충사와 관리사, 화장실 등이 있고 파고라 의자 등 시민휴게 시설과 소나무, 무궁화를 비롯한 2,000여 본의 나무를 심어 공원의 면모를 갖추었으니, 1905년 11월 을사보호조약체결이후 잃어버린 나라를 되찾고자 영덕에서 창의군을 조직하여 그 대장이 되고 1907년 의병조직인 산남의진과 합세하여 청송, 영덕, 청하 등지를 중심으로 경북 동부지역에서 일본군과 맞서 관공서 습격 및 일본군 사살에 큰 공을 세워 정부로부터 건국훈장 독립장을 받은 임용상(林龍相: 일명 중호)의사를 비롯한 50위 애국지사들의 안식처가 되고 있으며 조국의 광복과 민족의 자존을 위해 신명을 바친 우리 고장 출신, 또는 연고가 있는 애국선열의 고귀한 넋을 모신 성역으로서 시민은 물론 공원을 찾는 모든 분들에게 나라를 위해 자신을 희생한 고귀한 애국정신을 되살리게 하는 산 교육장이 되고 있다.

그러나 전국에서 유일하게 이곳에 마련된 선열공원은 공원조성에 따른 귀한 뜻만큼 시설이나 관리가 이뤄지지 못하고 있어 크고 작은 문제점이 한두 가지가 아니다.

우선 도심주택과 강으로 둘러싸인 한정된 면적은 당초 계획적으로 구획을 정리하여 배치하지 못해 귀한 묘역이 낭비되고 있다. 현재 단충사를 전면에 배치하고 그 옆과 뒤쪽으로 ABCDE구역으로 나누어 관리하고 있으나 당초 묘지를 조성할 때 위치적으로 기준을 만들지 않아 들쭉날쭉하다.

아직까지 이곳에 안장되지 못한 많은 지역출신 독립운동 애국지사 분들이 더 있다고 보면 묘지 부족에 대한 안타까운 생각이 든다.

그리고 개인묘역의 관리 문제이다. 묘지의 크기는 어느 정도 통일되어 있으나 묘지마다 설치한 석물은 각양각색이다. 상석이 있는 묘와 없는 묘, 용두석을 설치한 곳과 그렇지 못한 곳, 비석의 크기와 모양도 통일이 되지 않았고 거기에 비롯된 애국지사들의 공적도 별다른 검증 없이 새겨져 있다. 묘비를 규격화하고 기록은 검증을 거쳐 쓰고, 지사들의 사진을 비석에 설치하면 그분들에 대한 흠모의 정이 더욱 깊어지고 선열공원도 성역으로서 한층 돋보일 것이다.

더구나 2005년 4월에 타계한 최동식 지사는 시간적으로 그렇다하더라도 B블록의 박태현 지사는 순국한지 30년이 지났는데도 비석은 고사하고 귀한 이름 석 자가 새겨진 편석 하나도 없으니 이런 경우를 후손 탓으로만 돌릴 수는 없을 것 같다.

대구 서문시장에서 시작된 제2차 3·1 독립만세 사건을 주도한 김태련 지사와 아들 김용해 지사 부자간의 순국이야기는 가슴 뭉클하게 하는데 E블록의 김용해 지사의 묘역에는 대구 남산교회신도회에서 세운 대형비석이 있는데 묘소 바로 곁에 김○○의 묘라는 엉뚱한 비가 또 서 있어 혼란스럽다.

그리고 선열공원 묘역 내에 아직까지 이장을 하지 않은 사설묘 4기가 남아있어 선열공원의 이름을 흐리게 하고 있다. 당초 기득권을 주장하거나 절손 등 사유로 이장을 못한 경우도 있겠지만 어떠한 경우라도 선열공원 준공 전까지 이장을 마쳤어야 할 일이다.

지금이라도 안내판에 사설 묘가 있음을 알리고 표시해야 할 것이다. 선열공원을 찾는 시민들은 이 공원 안에 있는 모든 묘소를 애국지사 묘로 혼동할 수가 있기 때문이다.

2,000여 본의 나무가 있지만 이것도 계획조림이 아니라 그냥 빈터를 메운 것 같다. 선열공원 이미지와 걸맞은 한국형 소나무를 중심으로 무궁화도 묘역에 많이 심어야 하는데 지금 심어져 있는 무궁화는 나라꽃 무궁화가 아니라 무궁화 과의 흰색 꽃이 주를 이루고 있다.

그리 넓지도 않는 묘역에 블록을 깐 산책로를 제외하면 잔디가 심어져 있는 곳이 좁아 보이는데 온갖 잡초가 뒤덮고 있다. 묘소의 봉분에도 마찬가지다. 신천 고수부지의 잘 가꿔진 잔디밭에서 열심히 잡초를 찾고 있는 근로자들을 좀 활용하면 얼마나 좋을까?

113㎡의 큰 규모인 단충사에는 작은 위패 하나만 설치되어 있고 전면 벽에 우리 고장의 3·1 만세운동과 항일 학생운동의 객관적인 기록만 있는데, 안장된 지사들의 영정이나 관련 기록을 비치하면 지사들에 대한 흠모의 정을 높이고 교육적인 효과도 기대할 만하다고 생각된다.

"신암선열공원은 공원 자체가 살아 움직이는 용이 등천을 준비하는 천하의 길지라 하는데 처음 만들 때부터 계획적이지 못하고 그 후 평소의 관리도 부실한 것이 매우 아쉽다."라며 매일 공원 찾는다는 신암5동에 사신다는 김대식(72. 전 새마을금고 이사장)씨의 말씀처럼 이상 지적한 문제점 외에도 근본적으로 하나하나 개선하여 대구의 얼이 담겨 있는 참된 선열공원이 되도록 해야겠다.

多斯小攷

- 강창매운탕 이야기와 다사8경을 중심으로 -

뿌리 깊은 도시 우리 대구의 곳곳이 선조들의 얼이 배어 있지 않은 곳이 없다고 생각해 왔지만 금호강과 낙동강이 만나는 곳인 다사 일대도 마찬가지 였다. 서제를 중심으로 강창, 이곡, 이천, 묘산리, 그리고 방천리, 세천과 마천산, 와룡산 등 역사와 문화의 향기가 고루 배어 있는 다사 일원을 다시 한 번 생각하며 찾아보는 기회를 가질 수 있었는데, 우선 다사 지역하면 제일 먼저 생각나는 강창나루와 그 곳의 매운탕 이야기, 그리고 전해오는 다사팔경(多斯八景)이다. 안타까운 것은 불과 반세기 정도 지났을 뿐인데 강창의 매운탕 이야기도 이제는 오래 전의 전설처럼 되었고 다사팔경도 그 지정 경위와 연대 및 관련된 인물들이 확실치 않아 애매한 점이 없지 않았다.

다사읍은 달성군의 북부에 위치하며 금호강을 경계로 대구시 달서구와 인접하고 있는데 1995년 3월 대구광역시로 편입이 되었고 숙원이던 지하철2호선이 문양까지 개통됨으로 해서 폭발적인 인구증가와 발전을 가져오게 되었으며 특히 2010년 1월에는 강창교 증축으로 성주, 고령 등을 중심한 서부지역의 교통이 원활해져서 지속적인 발전이 예약된 곳이기도 하다.

풍수지리상으로도 뒤로는 마천산, 와룡산, 궁산이 두르고 있어 배산이 되었으며 금호강과 낙동강이 흐르는 탁 트인 앞은 임수의 조건을 갖추었고 넓은 땅은 복지의 터전을 마련하는 개발이 이뤄지고 있다.

강창(江倉) 매운탕 이야기

강창은 이락서당(伊洛書堂)이 있는 달서구와 금호강을 건너면 연결되는 곳인데 조선시대에는 이곳에 현물조세곡을 모아두는 창고가 있었다. 쌀 1만석을 보관할 수 있었으며 그 외에도 조세 보관창은 부창(府倉), 해안창(解顔倉), 남창(南倉), 하빈창(河濱倉), 화원창(花園倉), 풍각창(豊角倉) 등이 있었는데, 강창에서는 이곳에 모인 조세곡을 낙동강을 통해 김해(金海)까지 배로 수송했다가 해로를 통하여 서울로 운반하였다.

당시 강창이 있었던 금호강은 서호(西湖) 또는 이내(伊川)

로도 불렸는데 사시절 맑은 물이 넉넉하게 흘렀으며 강 언덕에는 고운 모래와 나무가 있었고 그 사이로 불어오는 시원한 강바람은 유원지로서 모든 조건을 갖추었고 부근에 있는 이락서당(伊洛書堂)으로 하여 더욱 이름이 알려지고 있었다.

강창교가 놓이기 전 강창진. 왼쪽 취수탑 뒤에 이락서당이 있다.
(사진제공: 최원관)

강창에는 조세곡을 모으고 관리하는 탓으로 항상 사람들이 붐비고 있을 뿐 아니라 성주와 대구시내를 연결하는 나룻배 이용객들로 사람이 끊이지 않았다. 지금의 강창교가 놓이기 전 달성군 다사면 죽곡동과 대구로 편입된 달성군 성서면 파호동 사이에 있는 강창나루(江倉津)를 지나는 금호강은 옛 부강정(浮江亭)이 있던 곳에서 낙동강과 합류하여 남해로 흘러간다.

강창교가 놓이기 전 강창나루에는 목선이 유일한 도강수단이었고 학생들도 작은 나룻배를 타고 대구로 등교를 했었다.

강창진에서 작은 목선을 타고 강을 건너는 학생들
(사진제공: 최원관)

차량통행이 안되어 모든 운반수단은 성주에서 강창까지, 강창에서 대구까지로만 되었으나 1965년경 다사에서 운수업을 하던 세 사람이 돈을 모아 버스를 실어 건널 수 있는 배를 띄우고 성주에서 대구시내까지 버스를 운행했으니 그게 바로 "삼천리버스" 였다.

이 강창 나루터에 처음 매운탕이 등장한 것은 1958년이었는데 선착장 입구 천막에서 배를 기다리던 길손에게 국수나 막걸리를 팔던 당시 파호동 거주 김영석 할머니가 매운탕의 개척자로 전해지고 있다. 김 할머니는 이곳에서 잡힌 별미 잉어를 회를 떠서 팔았는데 몸통은 회로 팔고 머리 부분은 버렸는데 어느 날 그 싱싱한 머리통을 버리기가 아까워서 냄비에 파와 된장 등 갖은 양념을 넣고 끓여 보니 이외에도 맛있는 술안주가 되어 손님들에게 호평을 받자 다음에는 잉어를 비롯한 메기 등 각종 잡어로 맛있는 매운탕을 끓여내기 시작했다.

이 요리는 손님들에게 대단한 인기를 얻었고 마침내 전국 곳곳으로 요리 비법이 알려지면서 강나루마다 매운탕집이 들어서게 되었다.

당시 금호강은 맑은 수질과 풍부한 수량으로 많은 고기가 잡혔는데 낚시 보다는 세 사람이 한 팀으로 대형 초망을 이용해서 강 건너까지 덮어 한꺼번에 많은 고기를 잡았는데 매운탕 집에 공급하는 한편 지역 주민들과 곡물로 바꾸는 물물교환이 성행했다.

강창나루를 기억하는 몇 몇 노인 분들에 의하면 파호동 쪽에는 반듯한 집을 지어 영업을 했고 다사 쪽은 가건물에다 취급하는 종류도 고급형인 회나 매운탕보다 간단한 국수, 막걸리, 국화빵(풀빵), 빈대떡이 주류였다고 한다.

강창 매운탕이 전성기를 맞은 때는 1965~1970년 사이로 주막에는 손님이 많아 강변 수양버들 아래 평상을 설치하고 손님을 받았고 매운탕과 함께 작은 유람선을 타고 강바람을 맞으며 금호강을 오르내리는 멋도 있었으니 밤이면 강태공들의 낚시로 인근 강변이 불야성을 이루기도 하였다.

요즘처럼 다양한 먹을거리가 없었던 시절 강창 매운탕은 대구의 유지정도가 되어야 먹을 수 있는 고급 음식이었다.

그 후 도강의 불편이 심해지자 처음 소규모의 나무 다리를 개설하였으나 홍수에 떠내려갔고, 마침내 1966년에 강창교가 착공되어 4년 8개월만인 1970년 12월에 폭 10.3m, 길이 245m의 교량이 완공되면서 강창 나루터는 사라지게 되었고, 1960년 말 산업화의 물결로 대구의 젖줄이라 하는 금호강이 엄청 오염되면서 이미 강창의 매운탕은 그 명성을 잃게 되었다. 그 후 폭주하는 교통량을 감당할 수 없어 강창교는 다시 증축을 하게 되는데 서기 2010년 1월 폭 50m 길이 300m의 왕복 10 차선으로 지금의 강창교가 준공되었다.

완공된 강창교의 모습

강창 매운탕의 이름은 낙동강변의 강정으로 옮겨 그 명맥을 유지하고 있으나 물고기가 귀해 강정의 유원지에서도 삼랑진, 진주 등 다른 곳에서 재료(고기)를 구입하여 사용하는데 위치가 바뀌고 재료가 다르고 손맛이 달라 그런지 당시의 강창 매운탕맛과는 다소 거리가 있어 전성기의 강창매운탕을 먹는 맛과 멋은 크게 느낄 수가 없다.

그래도 매운탕이 생각난다면 이곳 강정과 문양을 찾을 일이다. 그러나 맑고 깨끗한 강물에서 직접 잡아 끓여먹던 강창의 매운탕은 흔적도 없이 사라졌지만 그 추억만은 입에서 입으로 전해지고 세월의 앙금처럼 쌓인 옛 솜씨는 그대로 전수되어 이어가고 있다.

강정 유원지 먹거리 소개 안내판

다사팔경(多斯八景)

다사팔경은 달성군 다사읍을 동서로 에워싸고 흐르는 금호강과 낙동강 연안 곳곳에 빼어난 절경이 있어 눈길 가는 곳마다 그 경치가 버릴 수 없을 만큼 아름답지만 특히 다사읍을 중심으로 여덟 곳의 절경을 지정하고 다사팔경이라 이름하여 전해오고 있지만, 어느 시대 누가 어떤 연유로 다사팔경을 지정했는지 알 수가 없을 뿐 아니라 그 일부는 서호병십곡과 겹쳐져서 뜻이 희석된 곳도 있고 몇 곳은 흔적도 없이 사라져 아쉽지만 당시의 절경과 그 정취를 바로 볼 줄 알았던 선인들의 지혜는 배워 둘만 하다.

제1경(第一景) 선사조기(仙槎釣磯)

위치는 이강서원(伊江書院) 부근으로 신라 때 고운 최치원(崔致遠)의 발자취가 남아있는 곳으로 전해지는데 조선 조 영남의 거유(巨儒)인 한강(寒岡) 정구선생과 낙재(樂齋) 서사원 선생들이 친한 벗이나 아끼는 제자들과 함께 뱃놀이와 낚시를 하던 곳을 일컫는다. 지금 이강서원 자리에는 선사암(仙槎庵)이 있던 터 였는데 이곳에 완락당(玩樂堂) 등 정자를 지어 문인(門人)들과 더불어 성리학을 강론했다.

이곳 선사조기 자리는 영남 유림들과 시인(詩人) 묵객(墨

客)들이 가장 많이 모여드는 장소였을 뿐 아니라 이곳에서 유람하던 선현 23인을 금호선사선유이십삼현(琴湖仙槎船遊二十三賢) 이라 일컫고 있으며 1833년(순조 33년)에 조형달이란 사람이 그린 <금호선사선유도>가 현존하고 있다. 그 서문(序文)에 보면 당시 배경은 다사읍 이천리와 부강정 일대라고 여대로(呂大老)는 적고 있으며 여기에서 부강정(浮江亭)을 세운 이가 진사 윤대승(尹大承) 이란 것도 밝히고 있다. 서문의 일부는 다음과 같다.

> (전략) "아! 10년 난리 속에 몇 사람이나 살았는고. 비록 혹은 살았다 해도 같이 만난 사람이 또한 몇이나 되리. 진실로 마음에서 만나기를 기약한 이가 있다면 대게는 조화옹(造化翁)의 훼방(毁謗)을 입어 그 사람을 세상에 살기 어렵게 만든다. 그러므로 이 모임을 이룸이야 더욱 어렵거늘 이제 아무 꾀함도 없이 23인이 한데 모였다는 것은 어찌 인력으로써 능히 할 수 있으랴."(후략)

제2경(第二景) 마령청람(馬嶺靑嵐)

마령(馬嶺)은 이천에서 하빈 현내리로 넘어가는 다사고개 뒷산이며 국어학자인 환산(桓山) 이윤재(李允宰)의 묘소가 이곳에 있다. 환산은 국어학자로 조선어학회사전편찬위원으로 있으면서 <조선어사전>을 편찬했고 3.1만세운동에 참가하여 옥고도 치렀으며 1942년 조선어학회사건으로 끝내 함흥형무소에서 옥사했다.

마령은 다사읍에서 가장 높은 산이며 춘하추동(春夏秋冬) 사계절 언제나 산허리에 짙은 안개가 쌓여 있다. 이따금 서늘한 바람이 불면 이 안개가 동쪽으로 혹은 서쪽으로 옮겨지는데 그 모습이 천하절경이다.

언제나 안개 속에 쌓여 보일 듯 말듯 하면서도 그 자취를 영원히 들어내지 않는 마령의 신비를 제2경이라 한다.

제3경(第三景) 낙강모범(洛江暮帆)

문산리 앞 마령 절벽 아래로 흐르는 낙동강 위에 석양빛을 받으며 움직이는 뱃놀이를 말하며, 옛날에는 김해(金海) 칠성포(七星浦)에서 실려 온 바다에서 나는 모든 특산물이 상주(尙州)까지 올라왔는데 도동서원 앞에 있는 개진(開津) 나루에서 상품을 하역하였기 때문에 이 마령 절벽 아래로 놀이배 말고도 수많은 나룻배가 오고 갔다. 이처럼 많은 상선과 어선, 그리고 놀이배가 여러 곳에서 몰려들고 또 절벽 아래쪽에 수많은 돛단배들까지 정박해 있을 때 강 저쪽으로 해가 지고 붉은 낙조가 물드는 모습은 장관이 아닐 수 없다.

하지만 지금은 돛단배는 고사하고 목선도 볼 수가 없고 낙동강의 수량이 줄어 배의 운항은 불가하니 다만 추억속의 상상일 수밖에 없다.

제4경(第四景) 봉대석화(烽臺夕火)

봉화대는 통신수단이 별로 없던 때에 나라의 비상사태를 알리는 신호대로서 통신의 업무는 물론 국가 안위에도 중요한 몫을 하고 있었다.

그 옛날 낙동강을 사이에 둔 신라와 가야국이 뺏고 빼앗기는 영토전쟁을 할 때 이 봉화대가 한 몫 한 것 같다. 봉화는 봉수(烽燧)라고도 하며 낮에는 연기로 밤에는 불꽃으로 신호를 했는데 조선조 세종(世宗)때 정식 봉수제도를 마련하여 평상(平常)시에는 한 번씩 올리고 적이 나타나는 2급(二急)에는 두 번, 적이 국경에 접근한 3급(三急)에는 세 번, 적이 국경을 넘어오는 4급(四急)에는 네 번을 올리는데 전국에 다섯 곳에 시작점(起點, 基點)을 두고 최종 서울의 목멱산(木覓山 = 南山)까지 연결이 되도록 했다.

거짓 봉화를 할 경우에는 사형(死刑)에 처하고 봉화대 근처에서는 무당이나 토속에 의한 잡신 제사를 엄격히 금했다.

다사의 봉화대는 마천산에 있었으며 화원의 성산봉수로 부터 전달 받았다. 경치로 볼 때에는 칠흑 같은 한밤에 붉은 불꽃이 밤하늘을 비추는 모습이나, 그 불빛이 강물에 반사되어 밝게 빛나는 모습이 아닐까 싶지만 봉화불 이라는 자체가 기억 속에 희미하고 가끔 보는 폭죽을 하늘에 올리는 불꽃놀이가 먼저 연상되어 봉화불의 의미가 축소되는 것이 안타깝다.

제5경(第五景) 금호어적(琴湖漁笛)

금호강 어부의 피리소리를 말하는데 금호강에 제방이 없을 때는 그 풍부한 수량으로 호수를 연상케 했으며 맑은 물에는 잉어, 붕어, 황어, 은어 등 온갖 고기가 많아 어선들이 성황을 이루었고, 특히 이곳에서 잡히는 잉어는 전국적으로 유명하여 널리 알려져 있었다. 따라서 여기에서 잉어를 잡는 어부들은 상당한 소득을 올리고 있었고 고기를 많이 잡게 되면 기분이 좋아 배 위에서 춤을 추고 피리를 부는 등 보는 이로 하여금 풍요로움을 느끼게 하였다. 또한 저녁이면 어선은 물론 취미로 고기를 잡는 강태공의 낚시꾼까지 배 위에서 밝은 불을 켜 놓아 멀리서 바라보는 금호의 밤경치는 그야말로 절경이었다.

제6경(第六景) 방천철교(坊川鐵橋)

방천리에서 칠곡 지천으로 가는 금호강 위에 놓인 경부선 철교이다. 이 철교는 1904년에 건립되었으니 다사 팔경중 제6경은 철교건립 이후에 지정된 것이 연대상으로는 명확하게 되었다. 그 당시 철교가 놓이고 강물 위로 기차가 지나가는 게 신기하기도 했지만 규모나 높이가 이상적으로 잘 되어 있고 지금 보아도 설계부터 친환경적인 요소를 생각한 듯 주변의 경관을 크게 해치지 않은 것 같다.

6경은 다리위에서 보다 배를 타고 다리 밑을 통과해서 상류로 거슬러 올라가면 그 장관을 한 눈에 볼 수 있는데 지천 쪽의 절벽과 소나무, 버드나무 등 우거진 잡목들이 무성하게 숲을 이뤄 유유히 흐르는 금호강과 어울러 절경을 이루고 있다.

제7경(第七景) 문산월계(汶山月桂)

낙동강 문산 나루의 달 그림자와 음력 칠월 보름날 주위의 사림(士林)들이 모여 달빛놀이(月桂)를 하면서 옛날 중국의 소동파가 지은 적벽부의 풍류를 재현하는 행사라고도 할 수 있다.

문산 지방의 낙동강에는 해마다 가을이 되면 십여 리나 되는 강물 위에 유난히 밝은 달빛이 반사되어 아름다운 야경을 만든다. 이맘때쯤이면 시인, 묵객들이 모여 배를 띄우고 풍류를 즐기는데 이태백(李太白)이 물속의 달을 건지려다가 빠져 죽는 흉내를 내기도 했다.

第8경(第八景) 강정유림(江亭柳林)

낙동강 강정유원지는 달성의 가장 유명한 유원지 중의 하나였지만 이곳 역시 강창의 매운탕 이야기처럼 그 명성을 찾기가 어렵게 되었다.

금호강과 낙동강이 합류하는 Y자형 지점의 중앙에 섬이 있고 그 곳에 버드나무가 무성해서 좋은 경치와 그늘을 만들었으며 깨끗한 물과 모래, 여기서만 맛 볼 수 있는 매운탕과 회의 별미에 많은 사람들이 찾아든 곳이다.

특히 강정은 대구시민이 사용하는 낙동강 강정취수장이 있어서 한 때는 대구시민이 사용하는 물의 60%를 이곳에서 취수하기도 했다.

그러나 그 많던 버드나무 숲도 망가지고 옛날 신라시대 왕이 유람하던 이름난 정자인 부강정(浮江亭)이 있을 만큼 좋은 경치도 허물어져 갔다.

부강정은 금호강과 낙동강이 만나는 지점의 낮은 언덕에 위치하여 마치 물 위에 뜬 정자 같다하여 부강정이란 이름을 얻었다. 지금도 부강정이 있던 자리와 버드나무숲(柳林)이 아름다웠던 옛날의 풍모는 조금만 관심을 가진다면 다시 살려 사랑받는 관광지가 될 것이다.

강정보(江亭洑)와 마을의 앞날

강정마을 앞 금호강과 낙동강의 합류지점 약간 상류 낙동강에 강정보가 건설되고 있다. 정부의 역점사업으로 낙동강 살리기의 현장인 것이다.

강정보는 고정보 833.5m와 가동보 120m로 보의 전체 길이가 953.5m로 낙동강에 건설되는 보중에서는 최장의 길이를 자랑하고 있다.

강정보 건설공사 모습

이 보가 완공되면 발전시설 1,500kw 2기로 낙동강물로 생산하는 전기를 새로 얻을 수 있고, 가야시대의 찬란한 문화를 재현하고 낙동강 수변경제의 중심으로 관광허브가 되는 밝은 미래를 담고 있다. 한창 공사가 진행 중인 강정보의 모습을 보면 가야시대의 번영을 상징하는 "각배"잔과 가야금, 수레바퀴 등을 모티브로 디자인 되었으며 보 주변에는 자전거길인 공도교, 다양한 어종이 이동할 수 있는 어도, 물의 선율을 느낄 수 있는 탄주대 등을 만들어 단순한 보의 기능에 조형미를 덧붙인 명품 보로 태어나고 있다.

현재 강정에는 십여 곳의 매운탕 전문식당이 있지만 하나같이 힘든 경우고, 강창에서 매운탕업에 종사하던 사람은 거의 없으며 모두 40~50년간 이곳에서 강정 특미의 매운탕을 개발해 온 터줏대감들인데 이곳 역시 다른 곳에서 재료(고기)를 받아다가 하는 장사이다 보니 특색이 없다. 이제 강정보가 마무리되고 강정 일대의 수변공원이 유원지화 되면 다시 한 번 옛날의 영화를 되찾을 것으로 믿고 있다. 지금도 메기매운탕은 어느 곳보다 자신 있게 내놓을 수 있는 메뉴이며 잉어찜과 잡고기 탕으로 현상유지를 하고 있다고 매운탕집에서는 입을 모으고 있다.

향토 사학자들은 강정보(江亭洑)는 옛날 번영과 영화의 상징인 부강정(浮江亭)의 계승이라고 주장하며 강정보에 큰 희망을 걸고 있다. 깨끗한 물을 만들어 강을 살리고 물 부족과 홍수피해를 근본적으로 해결할 뿐 아니라 치수선진화로 자연과 인간의 공생을 꼭 이룰 것이며, 이 보가 완공되면 낙동강이 살아나고 그 중심에서 다시도 새로운 모습으로 일어나 부강정과 강창진, 강정진의 옛 명성을 다시 볼 것이라고 믿고 있다.

별도수록

〈시〉

화이로우 호수에서

〈방송극 대본〉

평생의 축원을 담는 첫 생일, 돌잔치

화이로우(懷柔)호수에서

– 유 은 지 (딸)

굳이 풍요의 모습으로 오지 않아도 된다
이미 이곳인걸……
기쁨도 설움도 다 내리고 그냥 여기 서자
구름에도 단풍이 드는 구나
호수도 노을에 젖어든다

가만히 눈 감으면 향수는 깨어나고
물 부서지는 소리 고요한 뱃머리에,
나지막이 엄마의 노랫가락 사라질듯 감겨온다
고향집도 그토록 애절한 가을이 들었으리라……

눈을 뜨면 내 삶의 희망 또한 함께 깨어나리
내 사는 터전을 편애 하자
베푸는 대로 받으리니 타인을 편애하자
이 계절의 아름다움을 편애하자
그리고, 삶을 편애하자

오욕의 세월을 어찌 살아왔던가
그를 이겨낼 소중함이 있다면
소중함이여,
내게 마주 눈으로 붙들려 이대로 걸어가라

세상 앞에 나를 던지고 당당히 가자
묵묵한 물살처럼
숨 가쁘게 화려해지는 이 가을처럼.

⁂ 화이로우 호수는 中國 北京에서 京承高速을 타고 47㎞를 가면 만날 수 있는 1급 수자원 보호지역
(中國 北京에서 간행되는 월간지 "ON BEIJING" 게재)

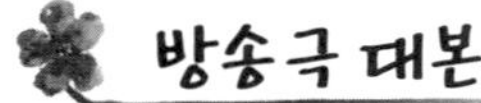

방송극 대본

평생의 축원을 담는 첫 생일, 돌잔치

– 신 정 욱 (며느리)

담장에서 집안으로 pan하면 (10)

(한참보고)

동장군의 입김도 잠시 멈춘 아침입니다.

치성 드리는 할머니 (16)

할머니가 마당 한 켠에서 치성을 드립니다.

손자가 무사히 태어났을 때도

산모와 아기를 지킨다는 삼신에게

고마운 마음부터 전했습니다.

그리고,

오늘 또 한 번의 삼신상을 올립니다.

쌀밥 t.s에서 pan하면 (11)

(보다가)

흰 쌀밥에 미역국, 그리고 정화수 한 그릇의

단출한 상이지만,

간절한 바람이 담겨 있습니다.

/ 둘째 손자 돌이라 (건우가) 커서 돈도 많이 벌고
판사, 검사도 되고
건강하게 잘 되라고 기도를 많이 했습니다.

/ 에미야~ 밥상,, 잘 먹어라이

미역국에 밥 마는 t.s (17)
치성을 드리고 난 삼신상은
아기 어머니에게 돌아갑니다.

삼신의 정기가 깃든 음식은
갓난쟁이를 키우는 힘이 된다 여겼습니다.
세상 모든 어머니들을 위한
삼신의 선물인 셈이지요.

건우 비추면 (10)
이 댁의 둘째 아들 건우.
열 손가락 깨물어 안 아픈 손가락 없다지만
오늘만큼은 특별한 아이입니다.

/ 건우 돌이지만 (어머니께서) 미역국도 직접 맛있게 끓여주시니까
너무 맛있고 기분도 좋고, 제 생일인 것 같아요.

한옥 t.d 되고 가족들 들어오는 (14)

첫 돌.
그것은 첫 생일의 의미만을
담고 있진 않습니다.
일 년간 무병하게 잘 자라온 아이를
축하하고,
앞으로를 기원하는 자리이기도 합니다.

/ 시끌벅적한 현장음 살짝 듣고

/ 손자들 보면, 잘 자라고 건강하게 놀고
재롱도 많이 피우니까 보기가 좋습니다.

돌복 입는 건우 (12)

돌날 주인공은 새 옷을 갖춰 입는데
남자아이는 복건을 쓰고,
보라색 바지에 분홍저고리,
그 위에 색동마고자나 두루마기를
입습니다.

건우 돌띠 (5)

자료/ 돌복소품 (15)

허리에 두르는 돌띠와 복을 담은 돌 주머니는

무병하게 오래 살아라, 이 뜻입니다.
아이의 수명이 백일조차 넘기기
어려웠던 시절부터 내려온 간절한 기원이자,
바람의 상징입니다.

안방, 상차리기 준비하는
이제 한 상 차려질 모양입니다.

/ 뭐부터 놓을까요?
/ 백설기부터 놔.

상 위에 백설기 올리면 (17)
돌상의 기본은 떡과 과일,
특히 백설기는 10살까지
생일날 해주면, 넘어지지 않고
잘 자란다고 믿어
돌상에는 빠지지 않는 떡입니다.

수수경단과 오색송편 (10)
붉은 색의 수수경단은
액을 막아 무병하게 잘 자라라,
오색송편은 소원 성취하라,
는 뜻이 있습니다.

미나리 (8)

또, 사계절 푸른 채소 미나리는
한결같고 장수하라는 의미로,
왕실의 돌상에도 올려지던
것이었습니다.

과일 올리면 (13)

석류나 포도는 다복함의 상징.
알알이 들어찬 그 모양새가
곧 풍요와 다산을 기원한다 했습니다.

돌상 t.s (6)

이렇듯, 돌상은 그 자체로
아이의 무병장수를 향한 기도가 됩니다.

김시덕 학예사 int

/ 백설기라는 의미 자체는 아주 순수하다는 순백의 의미가 있지만 실제적으로 백이라는 숫자는 무한한 숫자를 의미합니다. 그래서 아이가 오랫동안 잘 살기를 기원하는 의미에서 백설기를 만들었습니다. 즉 돌잔치라는 것은 일 년 동안 살아남을 수 있었던 것을 축하하고 다시 앞으로 무병장수하면서 훌륭한 인재로 자라기를 기원하는 뜻에서 잔치를 했기 때문에 아주 중요하게 여겼습니다.

김홍도 〈평생도〉

~ 상에 음식 올리는 부자

사람의 일생을 여덟 폭에 담아 그린 김홍도의 <평생도>,

그 첫 폭이 바로 돌잔치입니다.

이처럼 돌잔치는 예로부터

인생의 통과의례이자,

집안의 중요한 경축행사로 여겨져 왔습니다.

돌상 위, 실타래 t.s (5)

돌상 t.s (5)

돌잔치의 중요한 과정이자

아기의 앞날을 짐작해 보는

돌잡이!

실타래

실타래는 장수를,

붓

붓, 벼루, 천자문은 문필로 크게 된다는

의미로, 학문으로 이름을 떨친다는 뜻입니다.

엽전

쌀은 식복을,

돈은 재물을 모아 부유해진다고 믿었습니다.

이수광 〈지봉유설〉 책 넘기면 (15)

옛 기록에도 돌잡이가 있습니다.

<지봉유설>에는

남녀아이가 잡는 돌잡이 물건이 달랐다는

이야기가 있고(자막내용 나오고)

돌잡이 준비하는 (5)

돌잡이에는 평생의 바람이 담겨 있습니다.

/ 건우가 실 잡았다가 다시 돈 잡았으면 좋겠어요.

실 잡아서 건강하고 씩씩하게 잘 커서 돈 많이 벌라고요.

/ 건우야, 뭐 잡을래? 붓 잡아라.

말 끝나자마자 (13)

돌잡이는 잔치의 여흥이기도 하지만,

아기의 복된 미래를 기원하려는

조상들의 지혜가 깃들어 있습니다.

/ 우와~.. (현장음 살리고)

마패 쥐고 있는 건우

오늘 주인공인 건우는

고위관직을 지낸다는 마패를 집었습니다.

건우 아버지

/ 건우가 마패를 잡았지만 무슨 일이든 최선을 다해

그 분야에서 최고가 되는 아이가 됐으면 좋겠습니다.

이웃집에 떡 전하는 (15)

예로부터 돌떡은 백 집의 쌀을 모아

만든다 했습니다.

그리고, 다시

그 떡은 백 집에 고스란히 베풀어졌습니다.

김시덕 학예사 int

/ 그 떡을 다시 백 명에게 돌리면, 그 백이라는 숫자처럼 많은 사람에게 적선을 베풀어서 아이에게 좋은 일이 있을 거라고 생각을 해서 떡을 돌렸던 거죠. 그 떡을 받은 집에서는 비록 자신의 아이가 아니지만 그 아이가 무병장수하게 잘 자라라고 실 혹은 쌀을 담아 돌려보냈죠. 즉, 돌떡 받고 빈 접시 돌려보내지 않는다는 얘기를 했던 거죠.

집 외경

(그냥 보고/ 오디오 듣고)

국수 t.s (22)

(보다가)

한 생명의 성장에
자연의 이로운 기운을 모으고,
많은 이들의 인심과 덕담이 오고 갔던
돌잔치.

화려한 음식은 아니지만,
평생을 축원하며 차려 냈던 돌잔치에는
자식을 생각하는 부모 마음이 먼저였습니다.

/ 고위관직도 좋고 다 좋은데요.
건강하고 씩씩하게 커서 자기가 하고 싶은 노래를 해도 좋고,
춤을 춰도 좋고 자기가 하고 싶은 거 했으면 좋겠어요.

에필로그 (12)

(보다가)

돌잔치는
고귀한 어린 생명에게 전하는
축원의 상차림입니다.

<KBS1 "느티나무" 방송>

月村 유 재 희

• 경북 예천군 풍양 출생 • 육군만기 전역 후 고향에서 미진학아동 야간중학과정 운영 • 작품 「아침우물가」 東亞日報 신춘문예당선 (1966) • 공채로 예천에서 공무원 시작 • 상록수 공무원으로 선발(내무부) • 제12회 금오대상(사회봉사부문) 수상 • 대구광역시 중구에서 지방서기관으로 퇴직 • 녹조근정훈장 수훈 • 大邱日報 객원기자 활동 • 자랑스러운 출향인상 수상(2005)

아침우물가

인쇄 2011년 5월 25일
발행 2011년 6월 5일

지은이 / 유 재 희
펴낸이 / 김 창 석
펴낸곳 / 홍익출판사

주소 / 대구시 중구 삼덕3가 245-2
전화 / 053) 421-6700, 427-3627
팩스 / 053) 423-5965
등록번호 / 1987년 11월 26일 제1-107호
E-mail / hongick88@hanmail.net

정가 12,000원

ISBN 978-89-7826-225-5 03810